DX経営 はじめの一歩

熊谷美威 著

セルバ出版

はじめに　だからＩＴ化は失敗する

皆さんこんにちは。日本では、ＩＴ化が非常に遅れているといわれます。まずは図表1をご覧ください。

【図表１　ビジネスツール導入状況】

単位（%）

	社内SNS	テレビ会議、ビデオ会議	チャット（インスタントメッセンジャー）	電子決裁	勤怠管理ツール	プレゼンス（在席状況）管理ツール
日本（n=714）	23.5	32.6	23.7	26.2	37.1	23.1
アメリカ（n=565）	64.1	65.1	67.4	66.4	66.2	59.3
イギリス（n=651）	53.6	58.8	55.9	51.5	52.7	49.8
ドイツ（n=678）	45.7	46.0	50.6	45.7	57.4	55.6

※他国の回答と合わせるため、日本の回答は70代の回答を除いた。
アンケートで、「積極的に使っている」、「あまり使っていない」、「まったく使っていない」を回答した比率

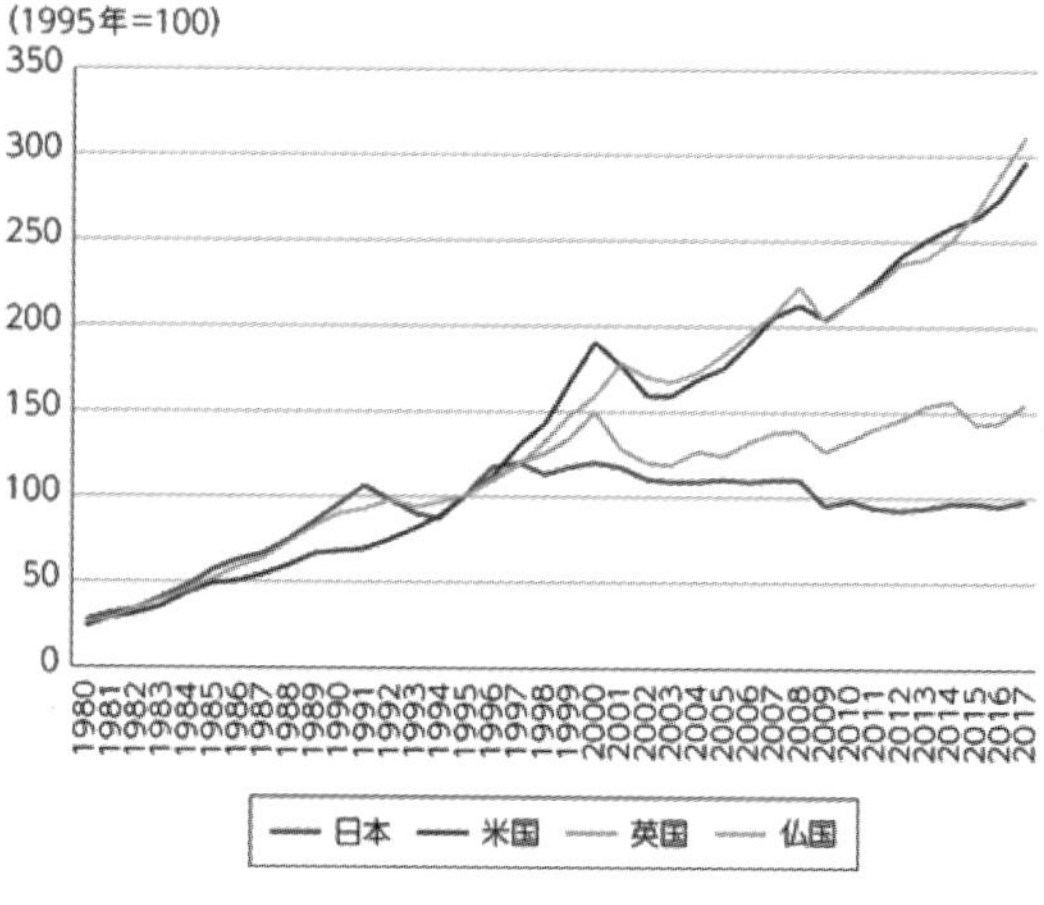

引用元：総務省 第１部 特集 人口減少時代のICTによる持続的成長「ビジネスICTツールの導入状況（国際比較）」

このように日本では諸外国に比べてＩＴ化が非常に遅れています。

なぜＩＴ化が遅れているのか？　そもそも、西洋の方々はキーボードに慣れ親しんでいる文化です。もともとタイプライターが普及していて、高齢者でもタイプライターのキーボードがそのまま現在のパソコンのキーボードに変わったために何の抵抗もなく使えます。

しかし、私たち日本人は、キーボードの存在に出会ったのが約40年ほど前です。

私は１９７５年生まれですが、小学校の時にはじめて父が購入したパソコンに触れました。

私の同級生は、パソコンを使える人がほとんどいませんでした。

そして、日本人は極端に失敗を嫌います。

ＩＴ化の基本は、試すことです。

失敗を恐れずに、積極的に試していき、失敗を楽しむ、もしくは失敗と捉えずに検証と考えることが大切です。この試すことをしないまま、社内のＩＴ化は成し得ません。

基本的に、業務は流れが決まっています。つまり、手順通りに仕事を進めることが大切です。もちろんイレギュラーで臨機応変もあるかと思いますが、この手順通り進めるために、ＩＴのシステムはどれがいいかを検証しなければいけません。

諸外国は、ＩＴシステムのルールに業務を当てはめていることが多いのですが、日本の場合は、自社の仕事のやり方にＩＴシステムを合わせてしまいました。

そのため、クラウドサービスが普及している昨今、既存のシステムに業務をそのまま載せることができません。

そのような状況の中、サイボウズ社から登場したクラウドのシステムがｋｉｎｔｏｎｅです。ｋｉｎｔｏｎｅはとても柔軟で、大概のシステムはプログラミングの知識がなかったとしても、自分たちで構築可能です。

本書では、このｋｉｎｔｏｎｅをベースにして話を進めていきます。

もちろん、ｋｉｎｔｏｎｅだけがクラウドサービスではありません。

しかし、どのようなクラウドサービスでも、基本の考え方は一緒です。

まずは「どのような一歩を、踏み出すのがいいのか」からはじまり、ＤＸ経営を実現するための考え方を中心にお伝えしていきます。

熊谷　美威

２０２３年４月

ＤＸ経営はじめの一歩　目次

第3章　習慣化の力で圧倒的な成果を上げよう！

第4章　共有で企業文化を変える

第5章　成果を出して効率化しよう

第1章　ＤＸ経営とは

1　日本と世界、ＩＴ化のズレ

ＤＸ経営とは

ＤＸとはＤｉｇｉｔａｌ　Ｔｒａｎｓｆｏｒｍａｔｉｏｎ（デジタルトランスフォーメーション）の略です。

デジタルトランスフォーメーションとは、直訳するとデジタル化のことですが、ビジネスにおけるデジタルトランスフォーメーションは、業務のデジタルへの変革です。

ただ単に、ＩＴシステムを導入するということではありません。本来は、ビジネスそのものをデジタルで別次元のものに置き換えることをいいます。

例えば、通信販売を例に考えると、すべてアナログでカタログ販売などを中心として行っていた業務を、インターネットを活用することでデジタル化し、ビジネスを別なものに変えることをいいます。

では、経営におけるＤＸと何でしょうか？

日本においては、業務をＩＴのシステムで置き換えることを指します。

基幹業務の中でも、中核的な業務（会計処理、売上管理、仕入管理、在庫管理、給与計算、人事管理）は、ほとんどＩＴ化が終わっています。

しかし、それ以外の業務においては、まだまだデジタル化が進んでおりません。

基幹業務については、既存のシステムを導入すればいいので、比較的導入は容易ですが、そもそも自社の独自性を持った業務などは、独自のシステムをつくらなければいけません。

文化の違い　保守的な日本

冒頭でも申し上げましたが、日本でＩＴ化が進まない、ＤＸ化が進まない原因の大きな要因の１つは保守的な考え方です。諸外国は、比較的抵抗なく、新しい仕組みやシステムを試していき、そうシステムに自社の業務を当てはめていきます。

しかし、日本の多くの中小企業では、その真逆の現象が起きています。

どういうことかというと、自社のシステムに合ったシステムや、自社の業務にシステムをなんとか合わせようとしてしまうのです。

予算が豊富に獲得でき、売上の見込みが充分立つため、大きな投資をする分には問題ないのですが、現在のような変化が激しく、先行きが不透明な時代には向いておりません。

ですから、ＤＸ系を進めていくためには、まずはＩＴのシステムをいろいろ試してみる、つまり、試行錯誤するということが重要です。

ＩＴの担当者は、極端に失敗を恐れます。ＩＴ担当者には権限も予算もありません。経営者がＩＴに理解を示し、ＩＴ担当者の失敗を許容する必要があります。経営者が失敗を許容できる文化をつくらなければ、いつまでたっても日本の中小企業では現場のＩＴ化、ＤＸ経営が進みません。

成果の定義は

ＤＸ経営が進まない原因の1つとして、ＩＴシステムを導入することが目的となってしまい、効果や成果を忘れてしまうことです。

まず、ＩＴのシステムを導入する場合には、成果の定義がはじめの一歩です。

成果を定義しなければ、どのようなシステムで、何を管理するかが決まりません。

ＩＴのシステムは、導入すればうまくいくわけではありません。

導入することによって状況が見える。見えることによって、効果的なことを効率よく処理することができます。

そのためにも、成果を手にしなければ何を管理すればいいのかが定まらないため、どんなシステムを導入しても意味がありません。

ＤＸで大切なコト

ＤＸで最も大切なこととは、成果の定義です。

この成果の定義ができていなければ、すべてのシステムは意味がなくなってしまいます。

それから、変化の激しい時代です。ビジネス環境に応じた柔軟な変更が可能なシステムを導入することが求められます。単発の機能でクラウドサービスを導入したとしても、根本的な業務の改善にはなりません。

例えば、チャットワークや、ＬＩＮＥワークスのようなコミュニケーションを促進するツール、スケジュールを共有するグループウェアなどは手軽に導入できますが、それを導入しただけでは、ＤＸ化とはいえません。

しかし、ＤＸはじめの一歩としては正解かもしれません。

なぜならば、そもそもＤＸの前に、クラウドサービスや、デバイス（スマホやタブレット）などの入力に慣れる必要もあるため、普段か利用できるコミュニケーションサービスは有効と考えます。

日本の高齢者、もしくは現場のスタッフは、ＩＴが苦手な方もまだまだ多いです。

そのため、柔軟に変更ができて、自社の業務に合わせて仕組みをつくれるようなシステムを導入する前に、ＩＴそのものに慣れるということも大切です。

効率化より成果

先ほど、成果が大事だと申し上げましたが、成果よりもＩＴ化をイメージすると、どうしても効率化を求める方が多いのが現実です。

それは仕方がないことだと思います。

しかし、現在は効率化よりも、何をどのようにすれば成果が上がるのかを見つけるほうがはるかにメリットは大きいです。

では、ここでいう効率化とは何でしょうか？

ＤＸ経営における効率化とは収益アップのことです。

収益アップとは、収入のアップか、経費の削減です。

経費の削減とは効率化、時間短縮、間違いをなくす（これも時間短縮）ですね。

そもそもですが、ＩＴでできる効率化には限界があります。

収益のアップを狙うのであれば、顧客単価や商品の価格のアップなどが現実的な場合も多いです。

ですから、効率、効率という前に、そもそも何を求めているのかを明確にしてください。

ＤＸは何のため？

では、ＤＸは何のためにするのでしょうか？

働き方改革がいわれて数年経ちますが、そもそも労働時間が長い割に収益性が低いため、労働者に過度な負担がかかることが問題でした。そのために、どうやって業務を効率化するかということが重要でした。

そこで、ＩＴ化をすることにより、情報処理、共有のスピードを上げ、間接的な業務をなくし、効率化を狙うということを考えたのだと思います。

しかし、本来ならば、今行っている業務を含め、どのようにすればよりよい形ができるのか？

よりよい会社をつくれるのかが大切なのではないでしょうか？

ここでいうＤＸは、一言でいうと、会社の関係者全員で会社を伸ばしていく、そして個人個人の人生もよりよくしていく、そのための手段ということです。

「何のためにＤＸをするのか」がなければ、手段が目的になってしまい、また効率が下がってしまいます。肝に銘じてください。

失敗は大切

何度か申し上げましたが、ＤＸ経営においては、試行錯誤が大切です。

ではなぜ試行錯誤が大切なのでしょうか？

それは、今まで誰も体験したことのないＩＴを活用した業務改革をするためです。

そして他者の業務改革、ＤＸ化を真似すればうまくいくわけではありません。

自社独自のＤＸ化をする必要があります。

もちろん、同業者の定型的な業務などはそのまま真似をしても効率化が図れると思います。

しかし、多様性に満ちた、似たようなサービスがある現代においては、独自性、オリジナリティー、面白さなど、別な価値が必要となってきます。

そういったものを大切にするためには、やはりＤＸ経営は新しいチャレンジになります。

チャレンジには、挑戦。挑戦には失敗がつきものです。

特に、経営者が失敗を共有し許容しなければ、ＩＴ担当者に負担が行きます。その結果、ＤＸ経営プロジェクトは失敗に陥るでしょう。

では、なぜ失敗するのでしょうか？

ＩＴ担当者は、予算を持てません。決定権もありません。現場のことも詳しくありません。

中小企業においては、通常の業務と兼任してＩＴ担当者になることも多いのです。そうすると評価も難しくなり、曖昧なままになってしまいます。そのような中で、失敗をするなといわれると何もできなくなるのは自然なことです。

そして、失敗すると、終わりのようなイメージですが、全く違います。

赤ん坊が、何度失敗しても諦めずに立ち上がろうとして、最終的には立ち上がりますよね。

これと同じように、ＤＸ経営においては、失敗をしっかり許容してください。

ある程度予算をかけても、仕組みが5年、10年、20年と残りますから、余裕で元が取れます。

ですから、経営者側が思考、錯誤に理解を示し、試してみるという努力が必要です。

2　目的と目標設定：あなたの会社は伸びしろだらけ

基本的に、どのような会社でも伸びしろがたくさんあります。

そのために、目的と目標の設定が非常に大切です。

この設定の仕方ですが、ただ単にこうあるべき、こうしなければいけないという目標設定だとうまくいきません。本当に心から求めている目標設定をしなければいけません。

しかし、そもそも目的が明確でなければ、目標設定も明確にはできません。

ここでは、目的と目標について、深く掘り下げて話をしていきます。

ＤＸと目的

何度もいいますが、目的が明確でなければ、導入したＩＴシステムは役に立ちません。

まずは目的を明確にしてください。

目的とは、売上をアップさせる、業務の効率をアップさせる。多店舗展開を見せて、業務システムを構築し、業務の標準化を図るなど、概念としては抽象度が高くて、比較的大きめの状態を指します。

焦って取りかかるべからず

すぐにＩＴ化を進めたいと思って、焦って取り組んではいけません。

まず、前述した目的、何のためにするか？　このような基本的なところをしっかり見つめ直してください。

ただ単に他社がうまくいっているからとそのままマネをして、自社のＤＸ経営に取り組んでもうまくいきません。マネをするにしても目的を明確にして、何が必要かがわかって、手段として取り入れる分には問題ありません。

はじめの一歩は、目的の設定です。

それも、こうあるべきこうしなければいけないではなく、中小企業においては、経営者が真に求める目的の設定をしてください。

例えば、お子さんがいらっしゃって、家に早く帰り一緒に夕食を取りたいという場合は、家に早く帰るためのＩＴシステムを構築すると。このような目的でもいいかと思います。何でもそうですが、心のそこから求めているものは必ず実現します。

現在において、会社を大きくするだけ、収益をどんどん増やすだけが経営の正解ではありません。

幸せな自分の人生を送ることも大切な価値かと思います。

そのために、従業員としっかりと話をして目的についてすり合わせをしていくということが大事だと思います。しかし、現実的には、目の前の売上を上げなければいけない場合もあるかと思います。

その場合は、１日20分もしくは1週間または1か月に数時間でも構いません。みんなと話し合いをし、自分自身で考える時間をしっかりとってください。目先のことだけに取り組んだとしても、長期的には何も変わりがありません。

ＤＸ経営とは、会社そのものを根本から見直し、自分たちの価値の本質を見極め、それをＩＴシステムに乗っけることです。

ですから、目先のことも大切ですが、中期、長期の目線を持ってぜひ取り組んでください。そして、目的が明確になったら、そこから逆算して目標設定することです。

目標設定は２通りあります。

⑴　目的または、大きな目標からの逆算

⑵　現在の延長線での目標設定

この２通りあります。

目標は、ＤＸ経営において大切な指標となります。どのようなシステムでどのような情報を集めればいいのか？　の原点ともなります。ＤＸ型はじめの一歩として目的の設定、そして目標の設定大切にしてください。

しかし、ＩＴ化を進めるための目標設定において、１年先、２年先の目標をなかなか決めづらいという声が多いです。なぜかというと、実践したことがない、経験したことがないためにやらないとわからないんですね。

ですから、非常に短期的な目標設定でも構いません。

私がクライアント向けに目標設定のサポートをする場合は、３か月を目安に目標設定します。３か月の目標設定をする場合は、現状の延長線上で考えることもできますし、やってみて、次の目標を決めやすい、そして、目標を忘れないという絶妙な期間だと思います。

目標設定は次の図表２と図表３を参考にしてください。

【図表２　IT化短期計画シート】

ＩＴ化短期計画シート

会社名＿＿＿＿＿＿＿＿＿＿＿＿　記入日＿＿＿年＿＿月＿＿日

※書き出した課題を「IT 化項目」に優先順位のままに書き出します。

その後、1ヶ月後の状態、2ヶ月後の状態、3ヶ月後の状態を記入してください。大まかで構いません。ＩＴ化の結果、目指す成果を項目に記入しても結構です。

例）社内情報共有の改善　1ヶ月後：kintone アプリの完成　2ヶ月後：kintone で全社員がデータ入力　3ヶ月目：分析が出来て、業務に活用している

目標意識の改革　1ヶ月後：部下に目標の重要性が伝わった　2ヶ月後：部下が目標を意識するようになった　3ヶ月後：目標達成できた

中期計画（3年）

No	ＩＴ化項目	月	月	月
1				
2				
3				
4				
5				
6				
7				
8				
9				
10				

【図表3　IT化中期計画シート】

ＩＴ化中期計画シート

会社名＿＿＿＿＿＿＿＿＿＿　記入日＿＿＿年＿＿月＿＿日

※書き出した課題を「IT 化項目」に優先順位のままに書き出します。

その後、1年目の状態、2年目の状態、3年目の状態を記入してください。大まかで構いません。ＩＴ化の結果、目指す成果を項目に記入しても結構です。

例）社内情報共有の改善　1年目：kintone を全員が利用している　2年目：kintone で全社員が分析をしている　3年目：全社員が自由にアプリ制作

売上目標　1年目：1億円　2年目：2億円　3年目：3億円

中期計画（3年）

No	ＩＴ化項目	1年目	2年目	3年目
1	営業を効率化したい	情報共有を完璧に	残業ゼロ	直行直帰
2				
3				
4				
5				
6				
7				
8				
9				
10				

特に大切なのは、目標達成の日付を入れることです。

具体的にかつ、日付を決めて、目標達成しなかったとしても、目標達成しなかった言い訳をせずに、できなかった、失敗したというふうにしっかり受け止めてください。

そして、その失敗を糧に反省として、次の目標設定をしてください。

目標は必ず達成しなければいけないというふうに短絡的に考える必要はありません。

大切なことは、昨日よりも今日、今日よりも明日よりよくなっていくことです。

そのために目標も道具だと思って設定してください。

3　ＤＸ成功の６ステップ

ＤＸ成功の６ステップとは

ＤＸ成功の６ステップについて説明します。

この６ステップを学べば、必ずＤＸが成功します。

なぜかというと原理原則に従っているためです。原理原則とは、簡単にいうと世の中の法則です。

ここでのポイントは、効率化を先に求めないことです。

何度も申し上げていますが、効率化は、業務が固まっている、または仕組みが明確な場合にＩＴを活用することによって得られます。

現代のＩＴ活用は、皆さんのオリジナリティー、独自性、など、会社の文化そのものをＩＴ化することを求められます。

現状把握が大切なポイント

そのためには、何よりも現状把握が大切です。

現状把握をしなければ、本当の問題を把握できません。

問題とは、目標と現状との差です。

目標設定についてはお伝えした通りですが、現状の把握が、実は最も難しいのです。

経営者、管理者は現状把握しているつもりと思います。しかしより詳しく、現場の具体的な状況まで瞬時に把握しているかというと、決してそうではないと思います。

なぜかというと、現場の詳細な情報を把握するためには、膨大な時間がかかってしまうためです。

皆さんも覚えはありませんか？　会議で現状把握するために詳細の報告をもらうだけで、時間を費やしてしまい、問題解決までいかなかったこと。そして会議の中で前回決めた内容がどうなっているかが把握できないため曖昧になって、議題や本題、大切な部分が流れてしまったこと。

このように、現状把握はできそうでできない非常に難しい作業です。

この６ステップにおいては、情報収集、つまり、現状把握が最も重要な業務となります。

多少時間がかかっても丁寧に行ってください。プロジェクトの成否を決めるポイントです。

【図表4　組織で必ず成果を出すためのIT化ステップ】

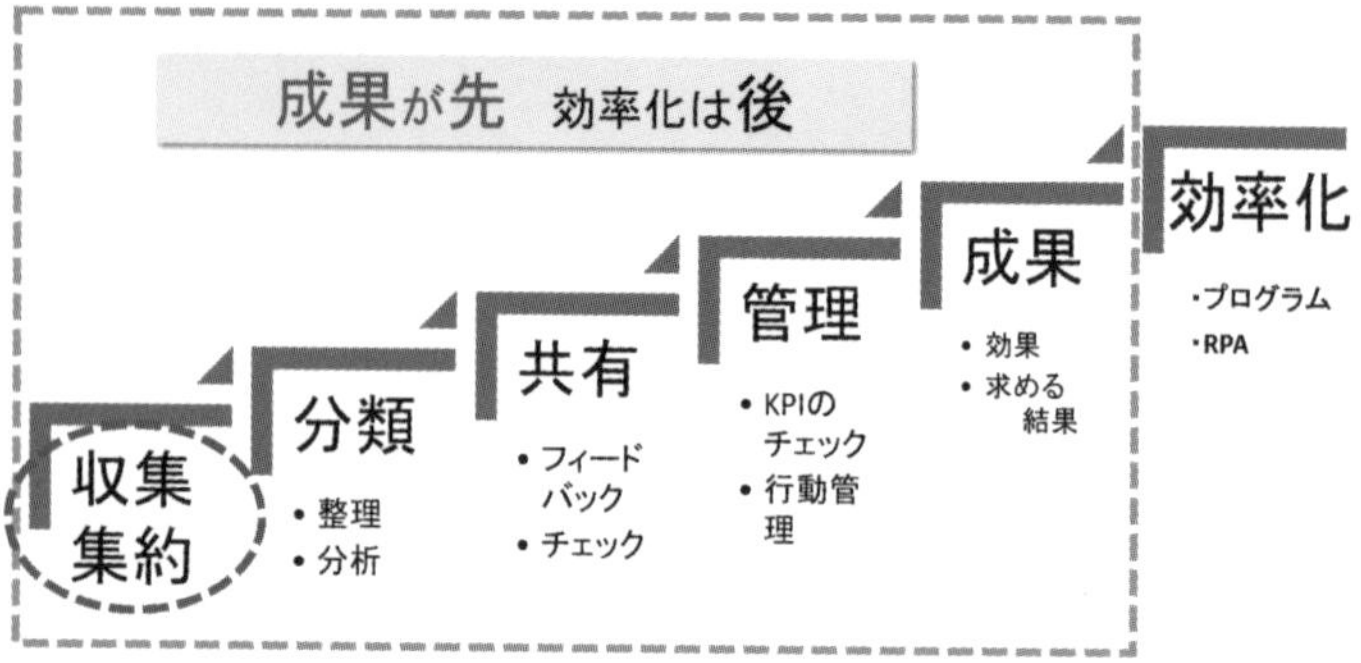

では1つひとつ説明していきましょう。

収集・集約

目的を明確にし、目標を設定し、どのような情報集めるかが決まったとします。

ここで情報収集がはじまります。

情報とは、目的、目標達成のために必要な情報のことをいいます。

この情報収集が、最も難しい業務となります。

効率よく、かつ確実に情報収集していくためには、習慣化が何よりも大切です。

まずは習慣を身につけることで、漏れのない情報収集をする土台を築きます。

6ステップ全体におけるエネルギーの8割がここで使われます。

実はこの習慣化には絶大な効果があります。

ちょっと、習慣化の威力について解説します。

例えば、１日5分何かに取り組むとします。

1か月の稼働日を20日と仮定し、５×20×12か月年間１２００分、つまり20時間です。

１日たった5分取り組むだけで年間20時間も取り組んだことになります。

5分、新しい業務ができないという方はなかなかいないと思います。

この習慣の力を使うと、積み上げの力が使えます。

何よりも、習慣の基本はやめないということです。

情報収集する場合、例えば日報で意図したものと違う情報が報告されたとしても、報告者をしっかり褒めて、怒らずにあげてください。途中休んでも、抜けたとしてもいいので、決してやめずに情報収集を続けてください。

そして情報収集しただけではダメです。

それを朝礼など、ミーティングの場で共有してください。共有する場がなければ情報を集めたとしても意味がなくなります。現場で業務をしている皆さんは、せっかく情報入力しても、どのような状態なのかを共有されない限りは、何の役にも立たないのに毎日入力させられていると思い、辟易することでしょう。

そして、情報収集を続けようとすると大きな壁に当たります。

それは現場からの反発です。現場においては、ＩＴ化のメリットをすぐに享受できるわけではありません。

もちろん、集計が簡単になる、情報共有が速くなるといったメリットはありますが、これからIT化を進めていくために、なんらかのシステムを導入した場合、入力そのものが非常にストレスになります。

そして現場のスタッフにおいては、短期的なメリットはほとんどありません。

そこを正直に伝えてください。

その上で、「なんとしてでも情報収集していかなければいけない」「すぐに効果が出るものではないのですが、必要なこと」「協力をお願いします」というふうに何度もお願いしてください。

ここは根気強く、粘り強く、止めずに、諦めずに取り組んでください。

でも、ここを乗り切れば、DX経営のはじめの一歩としては合格です

実は習慣化してしまうと、新しい情報を追加で入力するのはさほど苦になりません。

いつもやっていることに1つや2つ追加されたとしても、あまり気にならないのです。

そして現場からの反発への辛抱も3か月です。3か月もすると必ず慣れます。慣れてしまうと当たり前になってしまい、何も感じなくなります。

ITシステムを導入する場合は、最初の最低限3か月はしっかり現場に協力してもらい、情報収集をしてください。

現場の理解を得られる努力をしつつ、お願いしてなんとか進めていきます。お願いすると人は動いてくれます。ここは苦労の分、収穫もあります。情報が集まると次のステップの意味がわかります。

分類・分析

情報が収集できたら、いよいよ分類・分析の段階です。分類とは情報を分けることです。情報を分けるためには、情報が集まらなければいけません。そして分析とは、集計したものと集計したものを比較することです。

ここが大切なポイントで、集約した情報は、集計してはじめて意味が出てきます。例えば、来客人数、訪問件数、不良の数、こういったものを集計して比較します。比較する場合は、得意先ごと、時間別、担当者別、など、様々な角度で比較してください。

そうすれば、比較したものとの差が明確になります。通常、業務をしている皆さんが見れば、その関連性に気づくはずです。

この分析では、関連性に気づき、どの業務で効果があるかないか、または誰が成果を出しているか出せないかなど現状把握することができます。そして現場の問題点に気づくことができます。

分析は、時間をかけて、関係者と一緒に行ってください。

最低でも1か月分のデータは必要かと思います。

関係者と一緒に分析する場合の時間は、２時間ほどお菓子でも用意して、皆さんと和気あいあいと分析をしてみてください。必ず盛り上がります。

そして誰かと比較させることは、はじめは抵抗感がありますが、やる気にもつながります。

比較での抵抗感はあっても最初だけ。成果が出れば自信もつき、切磋琢磨にもなり効果的です。

共有

分析結果は必ず共有してください。それも定期的に頻繁に共有してください。現場がどんどん活性化していきます。

なぜならば、自分たちが仕事をした結果がどのようになっているかが見える。たったそれだけでやる気につながる。誰かと比較することで、やる気につながる。これにより、あいつに負けたくない、俺は頑張っているそのような自覚を促すためです。

共有は、なにも分析結果だけではありません。コミュニケーションも然り、対応履歴や顧客情報なども共有してください。実践してみるとわかりますが、すぐに成果が出なくても、たくさんの関連する部署間で、今までやりとりしなかった情報に気づきます。

通常、聞かれなければ答えないような内容でも、ＩＴのシステムを使えばボタン1つで閲覧することができます。

それにより自分の仕事に関連する情報や顧客の情報をより深く知ることができます。

それから業務の履歴ですね。今までの対応履歴などを見ることによって、状況やお客様のタイプ、対応方法などを効率よく知ることができます。

担当者が変わった場合や、新人の教育において、絶大な効果を発揮します。

慣れてくると、はじめて担当したお客様でも、まるで昔から知っている間柄のように対応が可能となります。そのためにも情報の蓄積が大切になってきます。

管理

そもそも管理とは誰のため、何のためにあるのでしょうか？

実は、管理は現場のためにあります。ではなぜ会社のためではなく、現場のためなのでしょうか？　当然ながら、ビジネスにおいて収益を生み出すのは現場です。そもそも管理は現場での業務を効果的かつ、スムーズに効率よく回すためにできたものです。

管理部門や管理者のためではありません。では管理とは何なのでしょうか？　管理とは、効果が出ることを効率よく行うための手段です。ですから、管理は分析と必ずセットなのです。

ここまでのステップの1つでも欠けていると管理がうまくいきません。情報収集・集約・分析・共有ができていなくても現場が機能しているとしたら、管理したつもりになっているだけで、現場に丸投げしている可能性があります。

ただ単に「あれをやれ」「これをやれ」「これはダメだ」「あれはダメだ」というだけでは人は動きません。〝そのようにいう人〟を人はどんどん嫌いになるだけです。

ですから、上手にＩＴ活用をして、現場の問題点や課題、これから何をすればいいのかというのを管理者の代わりにＩＴのシステムにいわせましょう。

どういうことかというと、目標をシステム上に設定し、目標と現状との差をわかるように工夫します。

それにより、現場のスタッフは、自分で自分の仕事を評価し、自己判断して今後の動きを決めることができます。

つまり〝いわれたことだけをやる人間〟から、〝考えて物事を進めていく〟人間に変わっていきます。この力は、凄まじく、会社全体の大きな底上げになることは間違いありません。

管理は何のためにあるのか？　そのような根本的なことを胸に留めて、〝成果が上がること〟と〝行動〟をしっかり管理してください。

では成果が上がらないとき、行動はどうすればいいでしょうか？

答えは簡単です。〝やめる〟か〝もっと単価の安い手段に切り替える〟かのどちらかです。

例えば、社員が行っていた業務を、パートやアルバイトに切り替えるもしくは、外注の専門家に切り替えて、単価を下げて効率を上げる。外注の場合だと時間単価が社内でやるよりも上がる場合もあります。

しかし、短期的な単価が上がったとしても長期的にリスクなども含めて考えると、メリットがある場合もあります。

ＩＴにおいては、ＲＰＡ（Ｒｏｂｏｔｉｃｓ　Ｐｒｏｃｅｓｓ　Ａｕｔｏｍａｔｉｏｎ）などを活用して、業務の自動化を図ります。

各種固定費において、継続的に最も高いのは人件費です。ですから、どのように効率化できるかだけではなく、成果を出すためのトータルコストを抑えることも大切です。効果に直接つながらない業務でも直接間接問わずに必要な業務というのは沢山あると思います。代替手段を活用して、よりコストを下げるのです。

成果・効果

成果効果についてはシンプルです。

成果効果につながった行動などをまずは明確にすることです。

成果効果は、わかりにくいものについてはよく工夫して見える化してください。

例えば、間接部門で働いている方の評価をするとします。

目に見えない仕事をしているために、そのスタッフはいつも評価されません。

そこで、ありがとうの投票や、日報に今日のありがとうをつくり、ありがとうの数で評価するなど、何らかの方法で評価の見える化、つまりその方の見えない成果効果を明確化することは可能です。成果効果が出ない行動、業務は思い切ってどんどんやめてください。

成果効果が出たら、もしくは業務の見える化ができたら、どんどん共有してください。共有することで、最適なバランスに組織は自動的に変わっていきます。

はじめは見える化したことで比較されることが嫌だったりしますが、すぐにその状態に慣れて、新しい秩序が生まれます。組織内でのあらゆることが見える化されてくると、状況判断が速くなるので、組織のスピードが自然にアップしていきます。

そうなると、組織としてはレベルアップした状態になります。ぜひ体験してください。

効率化

やっと効率化にたどり着きます。

成果が出る業務・行動を効率よく回す。

ここまでくると自動化ですとか、後はプログラムをする、つまり便利に、効率的にしていくということですね。

ＩＴシステム導入の初期から便利にする、効率をよくしていくことを期待しがちですが、６つのステップを順番に経て、効率化・便利さという順番で求めてください。そうしないと成果につながるかどうか、曖昧な行動に対して膨大な時間、手間などのコストをかけることになります。

膨大なコストとは、お金だけではありません。時間や労力も含まれます。

効率化というのは最後にしてください。

まずは自分たちがどのような行動、業務をすれば成果に結びつくのか、ここを明確にすることが大切です。

それから業務が固まって何をすればいいかがわかってから、それから効率化に取り掛かっても全く問題ありません。

現場から反発が起きる？　確かに不便なシステムの場合も多いかもしれません。その場合はやはり現場に協力してもらうしかないと思います。なぜならば、ＩＴのシステム、ここではウェブのデータベース（ｋｉｎｔｏｎｅなど）は、非常にシンプルなつくりになっています。

データの入れ物（データベース）があり、データを入れて集計するだけなのです。

ですから、データの入力方法は手動でも構いません。

それをもっと入力しやすくするというのは、後からの話です。

ということで効率化は、最後、業務が固まってから行うようにしてください。

４　考え方を学ぶ

ＤＸ経営においては、考え方が大切です。

なぜでしょうか？　本書を手に取った方は、簡単にＩＴ化が進む、答えが見つかると思っているかもしれません。実はそれは大きな間違いです。

何よりも大切なのは考え方です。

ですから、この書籍の中では、考え方を中心にお伝えしていきます。

やり方よりも考え方

すべてのＩＴツールは、特定の思想の下で設計されています。思想がないＩＴツールはとっても使い勝手が悪くなります。

え？　ＩＴツールに思想なんて関係ない、と思うかもしれませんが、メニュー構成、機能、使い勝手、すべてが特定の思想を元に設計されています。

　ですから、ＩＴツールを選択する場合は、自分たちの業務の流れに沿っているかだけではなく、自分たちの考え方に沿っているか、どのような考え方（思想）を元につくっているツールなのか、をわかる必要があります。

　ＩＴツールは使ってみなければわかりません。しかし、どんな考え方に基づいてつくっているのかがわかれば、使う前でもある程度予測できます。

　そして積極的にメーカーのデモを活用してください。ＷＥＢサイトや、動画だけでは感じることができない感覚的なものがわかります。

　考え方や設計のポイントなどを知るのも、相性がいいＩＴツールを見つけるコツです。やり方は業務の具体的な手順などですが、考え方がズレているとそもそもツールを使っていても望んでいる成果は手に入りません。考え方をよく知ることのほうが大切です。

未経験でもできる。システム構築の考え方

　今までのシステム構築は、プロの業者に依頼することがほとんどでした。それは当然のことです、素人ではプログラミングができないからです。しかしプロに依頼するということは大変なことでした。

⑴要件定義

⑵概算見積もり
⑶仕様策定
⑷詳細見積もり
⑸開発開始
⑹プロトタイプ制作
⑺完成

このようにステップを踏んでいく必要があります。

大変な手間と時間と労力がかかります。

しかし現在では、プログラミングの知識がなくても、システム構築が容易にできる、ノーコードツールと呼ばれるシステムが増えました。ここでは、ｋｉｎｔｏｎｅというウェブデータベースツールを中心に話をしていきます。しかし、この考え方は、どのＩＴツールでも通用する考え方ですので、参考にしてください。

ノーコードツールを使うために、大切な考え方

ノーコードツールを使うために、大切な考え方はまずはやってみるということです。

ノーコードツールの使い方そのものは非常に簡単です。

しかし、レゴブロックと同じように、使い方は簡単でも、部品の組み合わせや、やり方によって

無限の可能性が広がるのです。

ですから、今までのシステム開発とはやり方が全く違います。

前述した通り、目的を定めるのは当然のこととして、まずはやってみるということが大切です。

ノーコードツールのシステム構築には、2通りのやり方があります。

・1つ目、しっかり設計して計画的に進める。

・2つ目、やりながら考えて、つくり直しながら精度を上げる。

1つ目は、ある程度の経験が必要です。

ノーコードツールの特徴を知って、何ができるのかを把握した上でしか設計計画を立てられません。

はじめて使う場合は、2つ目がおすすめです。

習得と、構築が同時にできるからです。

「え？　それでは使えるものができないんじゃないか？」と思われるかもしれませんが、データベースの大切な考え方は、入れ物にデータを入れることです。

入れ物とはデータを入れる器のことです。データを入れるというのは、なんらかの方法でデータ入力をすることなのですが、最低限、データを入力する項目ができれば何とかなります。

入力するデータをどのように使うのかなどは事前に考えておく必要がありますが、最低限の仕組みは超初心者だったとしても、簡単につくることができます。

ですからつくりながら、手直しをし、ときにはすべてやり直す。まるで粘土細工のように試行錯誤をしながらつくっていくのがオススメです。

それから、他社の成功事例をたくさん見てください。同じように苦労しながら取り組んでいる姿、同業、他社の事例こういったものをたくさん見ていくことによってヒントが得られます。

なぜ、このような手法を取るかというと、ノーコードツールは自社の中でマスターし、自分たちでコントロールすることが大切だからです。システム開発の内製化といいます。このシステム開発の内製化は、業務に飛躍的な成果をもたらします。

失敗が重要

その上で大切なのが、失敗を許容するという考え方です。

ここでも話している通り、試行錯誤が大切です。試行錯誤とは失敗をたくさんするということです。ノーコードツールの場合は、失敗しても恐れることは全くありません。つくり直せばいいだけだからです。

今までのシステム開発であれば、外注している業者に連絡をし、見積もりをしてもらい、その上で依頼をしてできあがりを数週間待って、それに対して修正点を上げ、また完成したものを使ってみて、またフィードバックするなど、ものすごい時間と労力がかかります。

しかし、ノーコードツールの場合は、自分たちで簡単に修正できる上に、できあがった後の動きがその場でわかります。ですから、失敗ができる環境づくりがまずは大切です。今まで実践したことがないわけですから、多少のロスは目をつぶる、それは必要経費として、経営者側もどんどん現場にやらせてみてください。

そして開発にかかる費用を、ケチることなくどんどんかけて、試させてください。かけた費用は必ず利益となって後に戻ってきます。ＩＴ投資は費用対効果が大変高いのです。

やりながら考える

では進め方について説明していきます。

結論をいうと、やりながら考えてください。

例えば、現在、行っている業務もしくは、Excelで利用している業務、こういったものがあるとします。これらをそのままノーコードツール上で再現しようと思ってもうまくできません。仕組みが全く違うからです。

しかし最初はそのままつくってみてもいいかもしれません。そして使ってみてください。様々な違和感を覚えます。

ここでのポイントは、とにかく何でもいいからつくって試してみることです。

試す場合も、適当なデータを入力したのでは全く検証できません。必ず本番で使うデータもしくは本番環境、例えば現場などで実際に関わる人に触ってもらい、実際の仕事のデータを入力してもらってください。そうすれば、様々な問題点がわかります。

そしてまたつくり直します。どのような仕組みにすればいいか、問題点が出てきたらその都度考えればいいのです。Ｋｉｎｔｏｎｅであれば、最初に使える基本的な項目は20項目ほどです。

この２つの項目を組み合わせるだけで、ほとんどのシステムができあがります。

Excelを使っている場合ですが、電話番号などの項目に、文字を入れているケースがあります。

この場合は、データベースでは、２つに項目を分ける必要があります。

(1)電話番号を入力するリンクの項目を使う

(2)電話番号備考という項目をつくる

このように、データベース特有のデータの入れ方、使い方があります。

紙ベースの手書きで使っている場合、これは自由に何でも記入できますが、後ほど検索などができません。

もちろんデータの集計もできるはずがありませんよね。

Excelだと集計ができるような気がしますが、集計と同じデータでなければできません。

つまり、どの項目にどのようなデータを入れるかが決まっていなければできないのです。

データベースはこの辺が優れています。

データベースでは、決まった項目に決まったデータを入れるような形になっています。

まずはじめの一歩としては、この項目の特性をつかむことです。

データベースとExcel上の違いをしっかり覚える必要があります。

もちろん事前に勉強しておけばいいかもしれませんが、現実的には使ってみて試してみないと実感が湧きません。

ですから、最低限の機能を覚えたら、まずは実際の業務を自分ができる範囲でシステムに起こしてみるべきです。

小さくする

そして、つくり、進めていくと、様々な問題に対峙します。

例えば、業務をうまく分解できない、複雑で難しい。

このようなことです。

よくあるのは、ルールが不明瞭ということです。

なんとなく頭の中で処理してしまっているために、ルールがあってないようなものになっている場合、1人の頭の中にだけあり、誰もそのルールがわからず、上がってきた結果だけしか見ていない場合、このようなことが多々あります。

システム構築自体は時間があまりかかりませんが、業務そのものを確定させること、もしくはルールを明確にすることに非常に時間がかかります。

その場合のコツは、小さくするということです。

システムとは「分ける」という意味です。

分けるということは、業務を順番に処理していく、小さなステップごとに分解して考えるということ。どのような難しい業務も、複雑な業務も小さくすれば簡単だということです。

そして勘違いに気をつけていただきたいのですが、難しいということはできないということではありません。

難しくてもできるということです。

複雑なことは、簡単の集まりです。

ですから、複雑なことは複雑なまま考えず、小さく分解し、区切り、その上で1つひとつ物事を解決していくステップが重要です。

もちろん問題全体の把握をしていて、それを1つずつ解決しようとなれば簡単なのですが、大概は何が問題なのかすらわかりません。

その場合は、問題と思われることをまずは羅列します。

その上で1つひとつ手をつけていきます。

決して一気に手をつけてはいけません。

一気に解決しようと思った途端考えられなくなります。

これは経験則なのですが、人は３つ以上同時に考えられないようです。多くても2つですね。できれば1つひとつ考えていくことが近道です。

ノーコードツールの場合は、それがやりやすいのです。

改善のプロセスの例を挙げますので、考えてみてください。

1つ問題を解決し、次の問題に取りかかった際に、また別の問題が起きます。せっかく先ほど解決した問題なのに、また考え直さなくてはいけない。

このようなことです。

その場合も焦らずに、前の問題と新しい問題は関連しているとします。でも一度前の問題は整理されているために、次の問題でどのように変えればいいかが比較的わかりやすくなっているはずです。

これは論より証拠でどんどん試してみてください。

ポイントは、問題点や課題を小さくする、業務を小さく分ける。

そして、1つひとつ解決していくということです。

このやり方で、解決できなかった、実現できなかったことはありません。もしも、実現できないシステムがあれば、それはもっと便利に使いたい、もっとわかりやすくしたい。つまり、効率化の部分での要望が強い場合だけです。その場合は、最低限入力できる状況だけつくって後回しにします。

懸案事項は、開発が必要な事項として忘れないようにメモを取っておいて、最低限の仕組み（入力に関してのもの）を構築してから、開発に取りかかってください。

分ける

小さくすると似ていますが、ちょっと違います。

課題を、グループごとに分ける、業務をステップに分けるなど、グループ分けのことです。分けて考えられるようになると、問題の切り分けがスムーズです。

すべての物事は一緒ではありません。特徴などが似ていることがあれば、グループ分けして、グループ分けした塊を1つの物事として捉えて、まとめて考えるようにします。抽象化の考え方とも似ています。システムは、あらゆる物事を区分して、業務のステップごとに入力して、管理をしていくものです。業務のステップも、分けられて考えられたモノです。

商取引も、見積、受注、発注、仕入、納品、請求と、分けるからこそ、考えやすくなります。業務でも、問題でも、どのようなことでも分けて考える癖をつけましょう。

分けて考えられるようになると、本当に整理のスピードが変わりますし、悩まずに済みます。

何度でもやり直せる

小さくする、分けるという考え方を意識して、ノーコードツールを使いシステム構築をしていくと、今までプロにしかできないと思われていたシステム開発が簡単に自分たちでできるようになっていきます。もちろん手間と時間はかかるかもしれません。手間と時間をかけないといいシステムはできあがりません。手間も時間も大量にかかるわけではありませんし、いつまでもかかるわけでもありません。システム構築をする最初だけです。

システム開発における選択肢は3つしかありません。

1つ目、お金をかける。

2つ目、時間をかける。

3つ目、手間をかける。

1つ目の「お金をかける」ば、プロに依頼するということです。しかしある程度時間と労力もかかります。

2つ目と3つ目はセットです。手間と時間をかけて自分たちでやるということです。

実質、選択肢は2つに1つということですね。

自分たちがつくりたいシステムによるかもしれませんが、もし外部に依頼するにしても、自分たちである程度のイメージを固めてから依頼するほうが伝わり方も早いですし、明確になり、ズレも減ります。

私もたくさんのシステム開発を手がけてきましたが、1番怖いのはズレです。完成して使ってみてから、はじめてズレに気づいたということもあります。

その場合、泣く泣くつくり直した経験もあります。

ノーコード開発ではなく、プログラミングでつくり直すということは膨大な労力がかかります。

ですから、このズレが一番怖いのです。

その点、ノーコードツールの場合は恐れる必要はありません。

もしも1からつくり直しになったとしても、大した労力がかかりません。

私の体験談ですが、半年ほどかけて、打ち合わせを重ね、できあがったシステムがありました。

しかし、システムを使ってみると、使いにくい部分が出てきて、根本的な設計に問題があることがわかってきました。

そこで思い切って1からつくり直すことにしました。

さてつくり直しにかかった時間はどれぐらいだと思いますか？

⑴３週間
⑵３日
⑶３時間
答えは、３時間でした。

なぜそんな短時間でできたかを振り返って考えてみました。

先程申し上げた通り、ルールや仕組みが明確になっておらず、どのようにするシステムにするか、どのようなルールで運用するかを決めることに時間がかかっています。

ですから、ルールや仕組みが明確になっていることに対してつくり直すのはあっという間にできあがるんです。

それぐらい、ノーコードツールは驚異的なスピードでシステムを構築することができます。

DX経営はじめの一歩は、ノーコードツールの導入です。

5　はじめの一歩を決める

では、ここでは、何からはじめればいいかの話をしていきたいと思います。

はじまりは終わりの半分

はじまりは終わりの半分という言葉があります。

これはソクラテスがいった言葉だそうです。実際、この言葉はまさにその通りだと思います。

いざ取りかかってみたら、思ったよりも簡単だった、もしくはかなり時間を要することがわかったなど、取りかからないとわからないことは多いです。

これは残念ながら、はじめてみなければわかりません。

どんなにはじめる前に計画を立てても、やはりはじめてみないとわからないことのほうが圧倒的に多いのです。ですから、この書籍のタイトルも、『DX経営はじめの一歩』というふうにしています。

まずははじめることが大事です。そして、少しずつでも進めることです。

できれば習慣化して１日１回最低30分時間をとって、ＩＴのことに取り組んでみてください。

短期目標の重要性

まずは、いつまでに何をやるか決めましょう。

①目的の明確化

これは時間をかけずに行ってください。ざっくりで構いません。10分程度で書き出してください。

②目標設定

目的から目標を決めてください。

必ず目的に沿った目標を決めてください。

決める場合は、図表５を参考にしてください。

目標は、２、３年後の目標もしくは、１年後の目標、そして半年後の目標、３か月の目標、今月の目標というふうに落とし込んでください。

③計画策定

目標をもとに、具体的な計画に落とし込んでください。

この計画は、ずれていても構いません。

まずはざっくりでも計画をつくることが大切です。

【図表５　成果の定義】

成果の定義

成果をあげるためにはまず成果を定義しなくてはならない

ピーター・ファーディナンド・ドラッカー
（1909年11月19日 - 2005年11月11日）
オーストリア・ウィーン生まれのユダヤ系オーストリア人経営学者。
「現代経営学」「マネジメント」(management) の発明者。

具体的に（定性・定量）	日付を入れる	とにかく決める • 目安でも、夢でも、非現実的でも、思いつきでもよい
制約を設けない • 人的・物的・金銭的・時間的	他人・他社の価値観に囚われない • 自分の価値観で定義する	ITシステムにこだわらない

【図表６　IT化３か月計画】

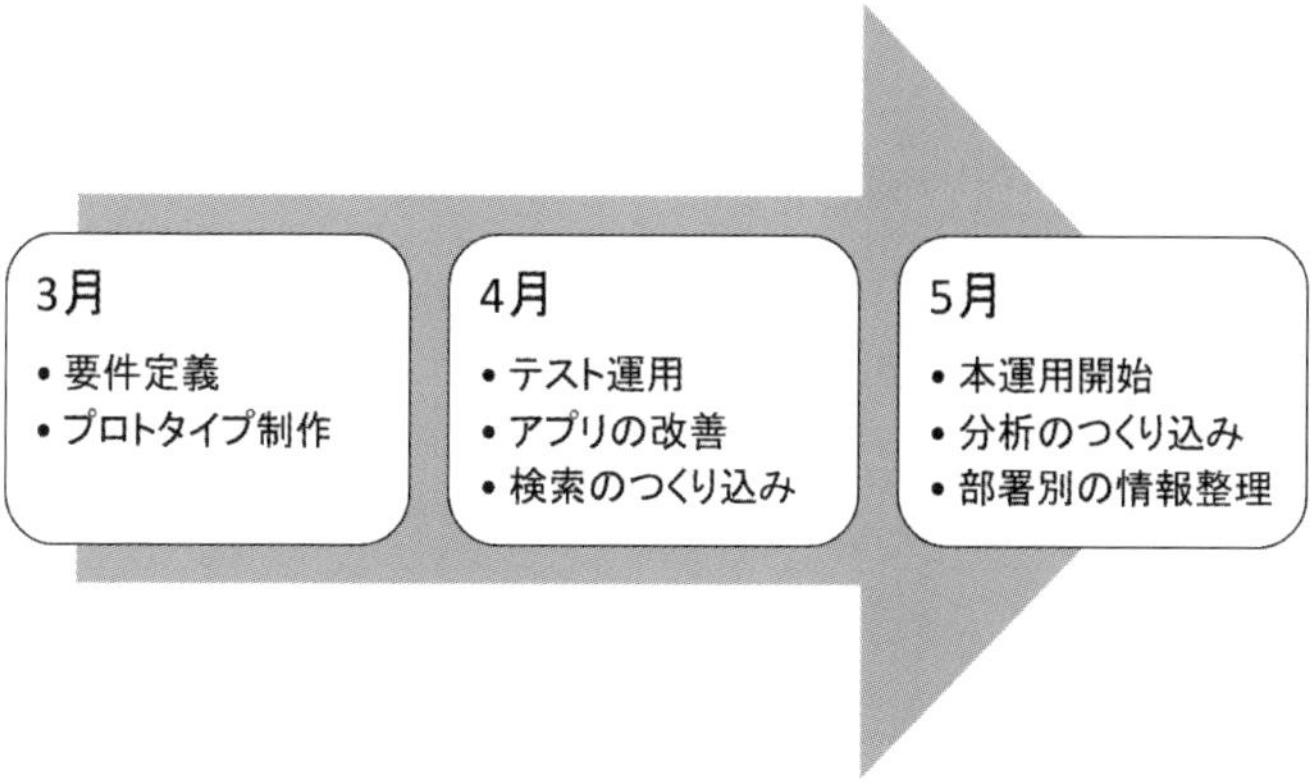
3月
• 要件定義
• プロトタイプ制作
4月
• テスト運用
• アプリの改善
• 検索のつくり込み
5月
• 本運用開始
• 分析のつくり込み
• 部署別の情報整理

参考資料はパワーポイントで簡単につくったものです。このようなザックリとしたものでも構いません。３か月計画を立てると、大まかだったとしても現実的になります。つまり、実行しやすくなるのです。

なかなか自分ではここまでできないという方がいれば、計画を立てるワークショップなどを定期的に開催していますので、ぜひご参加ください。

★https://niconico-news.com/

それから、ＩＴに詳しい専門家とコンタクトをとってください。

専門家には相談するだけでもＯＫです。アドバイスをもらう人脈を確保していくのです。ＩＴツールは数え切れないほどの種類があります。

よいツールを選ぶコツは、どれだけＩＴツールを知っているか知らないかです。

そして、自社でまずは、はじめの一歩に何をしたいのかが明確になったら、それに合ったツールを探します。

できれば詳しい方に相談をしてください。

もしも相談できる方がいなければ、片っ端からメーカーに連絡をとってデモを見るようにしてください。

もしくは紹介用の動画があると思いますので、そういったもので知識を身につけてください。比較検討し選定するということです。

DX経営のはじめの一歩としてのおすすめのツールは、次の通りです。

(1)ITが苦手な方が多い場合

LINE、チャットワークのようにコミュニケーションを相互に、簡単に取れるツールの導入からはじめてください。慣れてきたら時期を見て、レベルアップしてください。

(2)ある程度、スマホやタブレット、パソコンなどを使える人がいる場合

ノーコードツールの導入からはじめて構いません。

その場合はkintone（https://kintone.cybozu.co.jp/）がおすすめです。

現在、国内において初心者から上級者まで幅広くサポートできるのがkintoneです。

価格も比較的手頃です。

その他、ノーコードツールはたくさん出ていますので、参考にしてみてください。

ツール選定が終わったら、ツールの導入計画を立ててください。

ツールの導入計画は、③計画策定　で利用した3か月計画の図を参考になさってください。

ポイントは、具体的にいつ何をするか、誰に展開するかを決めていくことです。やってみると思い通りいかないことが多々ありますが、計画を立てることで進め方の基準ができますから、挫けずに進めやすくなります。

それから、皆さんに「さあはじめるぞ」と宣言をしてください。

できればみんな集めてＤＸ経営ミーティングをはじめるといいです。

皆に宣言しただけではなく、定期的な進捗チェックの場、定期ミーティングを設定します。

定期的に開催することで、意識づけにもなりますし、何より成功の可能性が大幅にアップします。

やってみないとはじまらない

とにもかくにも、やってみないとはじまりません。

まずはどんなツールでもいいので導入してみるのが、乱暴なようですが、１つの答えです。

ＤＸ経営をなぜしなければいけないのかは前述しましたが、とにかくはじめてみないことには、その価値も威力も成果もわかりません。

頭でわかっているのは、ただ単に知っているというだけです。知らないよりはいいですが、何の意味もありません。とにかく実行してください。

やってみて、うまくいかなければやり直せばいいだけです。ＩＴは何度でもやり直しがききます。

とくにクラウドサービスは月額制で投資金額も少なく済みますから、まずは実行です。

決めて決まってまた決まる

目標や、計画を立てる場合は、とにかく決めてください。

いい加減でも、間違っていても、思いつきでも何でも構いません。

大きな目標でもオッケーです。

とにかく決めるのです！　この、「決める」ことが大事で、決めてしまえば実行ができます。

実行すればズレに気づきます。

ズレに気づけば、修正できます。

これを、「決めて決まってまた決まる」といいます。

とにかく決めないことにははじまらないのです。

ぜひ、勇気を持って決めてください。失敗したって別にいいじゃないですか。

得られるものはあっても失うものは何1つとしてありません。

とにかく決めて、はじめの一歩踏み出すことです。

成功は結果

ビジネスにおける成功は、目標達成をし続けることです。

目標達成をし続けることは、終わりがありません。

その、終わりがなく、目標達成をし続けている状態こそが成功している状態なのです。

多くの企業は、失敗を恐れて、もしくは、わからないためにＩＴ化に大きく遅れをとっています。これは非常にもったいないことだと思います。試してみればわかるものなのに、試すことすらもしない方々が多いのです。ＩＴが苦手だからと言い訳をして、新しいものへのチャレンジを諦めてしまっているようです。成功はあくまで結果にしか過ぎません。

成功の反対は何でしょうか？

成功の反対は失敗ではありません。

失敗の反対は、「何もしない」なのです。

ですから、まずははじめの一歩踏み出してください。

失敗を楽しむくらいの気持ちで取り掛かってください。

焦らず１つひとつ

とにかく1つひとつ、実行してください。

本書を読んで、「なるほど」「参考になった」「ようし、やる気になった！」で済まさないでください。書籍の形とはいえ、せっかくあなたとこのような出会いがあったわけですから、必ず1つは何か実行してください。そうすれば1つ進みます。焦らずに、1つひとつ進んでいくだけで視界が開けてきます。その1つひとつは小さな一歩かもしれません。しかし、その一歩が積み重なると、大きな成果へとつながります。

登山と全く一緒です。一歩一歩は地味で先が見えず、ゴールにたどり着けないような錯覚を覚えます。しかしその一方、たった一歩の積み重ねで確実にゴールに近づいていきます。一歩一歩は小さくても、確実にゴールに近づいていくのです。

はじめの一歩踏み出しましょう。

できなかったことよりもできたことを考えよう

私たち、日本人は100点満点からマイナスをされるというテストを小学校から繰り返し受けているので、「できなかったこと」に焦点が行きがちです。

しかし、例えばテストの点数が60点だったとして、40点取れなかった、足りなかったと考えるよりも60点も取れたというふうに考えましょう。この、「できたところ」「うまくいったところ」に焦点を当てることが、実はビジネスにおいては、早く進む、成功するコツです。

確かに、1つできたからといって、物足りない、まだまだだというところはあるかと思います。しかし、ITにおいて、何が正解なのかが経営者ですらわからないのに、まだ足りない、これができていないと、マイナス面に目を向けていても、全く意味がありません。

できたこと、うまくいったこと、嬉しいこと、楽しいこと、形になったこと、ここに目を向けましょう。

過去と他人は変えられないが、自分と未来は変えられる（カナダの精神科医　エリック・バーンの言葉)。

つまり、これから未来に目を向ける、そしてスタッフも、自分自身も、チャレンジしたこと、そのもの、できたこと、そのものに目を向けて褒めてあげましょう。

人の能力は無限です。

１つひとつ確実に進んでいくことで、見えてくるものが山ほどあります。

応援しています。がんばってください！

すべては行動です。失敗に焦点を当てると恐れが出て、行動を阻害します。失敗は経験と割り切ってどんどんチャレンジしてください。成功の反対は失敗……ではありません。なにもしないことです。失敗した際の多少の損は経費と捉えず、投資と捉えて割り切って進めましょう。

たくさんの失敗をした分だけ、経験値が上がり成長します。山を登るように一歩一歩進んで、振り返って景色を見ましょう。できていないことに目を向けてもエネルギーは出ません。うまくいったことに目を向けていきましょう。赤ん坊が立つ場面を想像してみてください。赤ん坊は何度転んでも、立つことへのチャレンジをやめません。転んで痛い思いをしたとしても決してチャレンジをやめません。そして必ず立って歩けるようになります。

ＤＸ経営も同じです。ＩＴサービスは無数にあります。自社に合ったものが必ず見つかるとは限りません。試しながら、経験を積んでいきましょう。社員が部下が失敗したら、盛大に褒めましょう！「素晴らしいチャレンジだ」と。

はじめの一歩をはじめる

ＤＸ経営はじめの一歩を踏み出しましょう。

なかなかはじめられないあなたへのアドバイスを1つ。

何かをはじめる際に考えすぎはよくありません。ここ数年間で、プロジェクトとの進め方が大きく変わってきました。計画的に進めるよりも、やりながら進めるほうが成果が出やすいのです。リーンスタートアップというプロジェクトを進める手法があります。ゼクシィというリクルートで出している、結婚する2人が購入する雑誌があります。この雑誌を立ち上げる際に活用したのが、リーンスタートアップです。これはプロジェクトを進めながら計画を柔軟に変更しつつ、改善中心にして、成果を挙げる方法です。この手法のメリットは、スピードです。

この手法はＩＴの導入とは非常に相性がいいです。

ＩＴツールは使ってみないとわかりません。やりながら考える。すでに伝えた通り、とにかく取り組みながら、何が正解で、何ができなくて、何が自社に合っているかがわかってきます。ゴール設定をしたとしても、プロセスが正しくないとＩＴ導入はおかしな方向に向かいがちです。

目標達成のために、歪みが生じるのです。結局、ＩＴツールは人がつくったものですから、自分たちの理想はかけ離れます。ゴールにこだわるよりも、ツールを理解して上手に使うほうが大切です。もちろんツールにこだわりすぎるのもよくありません。目的を大切にしつつ、色々と試しながら、どのような形がいいのかを模索していくと、思いもよらない成果につながることが多々あります。

第2章　すべては情報収集と集約

この章では、第1章で解説した、情報収集からはじまる、DX経営はじめの一歩について、さらに具体的に話を進めていきます。

ITのシステム導入の上でまず大切なのは情報収集です。

何のための情報収集かというと「現状把握」です。

現場把握は、自分たちの現在の位置を明確にかつ具体的に把握するために重要です。

このステップがしっかりできていないとすべてを間違います。

しかし恐れることはありません。

正確に状況把握できなかったとしても、大きな方向性が間違ってなければ、多少のやり直しは全く問題ありません。

もしも早くIT化を進めていきたいというのであれば、ざっくりと状況を把握してそれから進めていくことも可能です。

では詳しく解説していきます。

1　現状把握と情報収集

現状把握は最重要

現状把握は非常に大切です。

【図表７　現状把握のステップ】

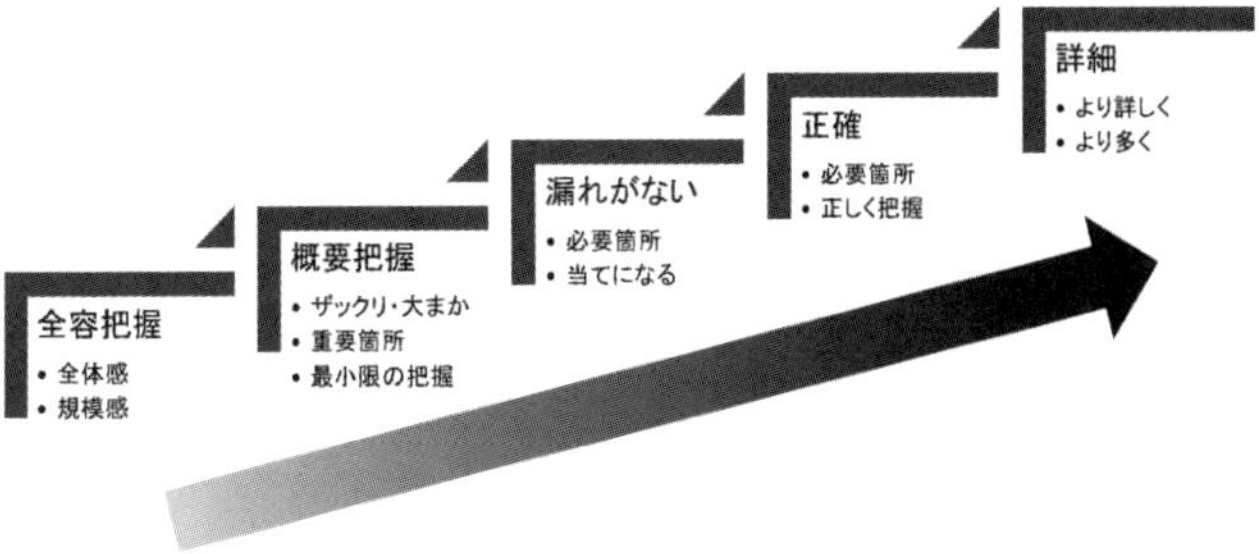

前述した通り、現状把握がしっかりできていないと、問題のよし悪しがわかりません。

問題のよし悪しとは、その問題がこれから目指す方向性の進捗にどのように影響するかの正しさです。

問題が間違っていれば、正確にいえば問題と思っていたけれども実際は違っていたものであれば当然ながら、目標や目的に対してズレが生じます。

これが大きなロスとなります。

ですから、現状把握はＤＸ経営はじめの一歩の１つなのです。

ザックリ把握でスピード重視

現状把握、情報収集するためにはスピードを重要視してください。

正確に把握するとなればなるほど、時間がかかります。ビジネスにおいて最も重要なのは、スピードです。そのために、最初はざっくりと把握することで構いません。図表７をご覧ください。

情報把握にはこのように段階があります。

ざっくりと全容把握する、漏れがない、正確な把握、詳細な把握。

「現状把握」といっても、どの程度把握しているかが大切です。

カーナビに例えるなら、現状把握は、今どの辺にいるのか？　どの地域か？　どの方向を向いているのか？　これから、目的地に向かうために、右に行くか左に行くか、北に行くか南に行くかということになります。

正確な現状把握は、ゴールに近づいてからでも構いません。

情報収集、現状把握を続けていけば、必ず正確な情報が把握できるようになります。

はじめの一歩としては、ざっくりと把握する程度で全く構いません。

そのために、ＩＴシステムにおいては、日報の仕組みを活用するといいかと思います。

日報とはよくできた仕組みです。毎日報告することで、誰が何をやっているかをざっくりと把握できるのです。

一方、日報の仕組みがある方は、日報を紙やメールで送る方法から、データベースを使う方法に変えてください。なぜデータベースを使う必要があるかというと、全体を集計し、俯瞰して見ることができるからです。

情報は、最終的に分析して現状把握に活用しなければ意味がありません。

情報には2種類あります

(1)インフォメーションとしての情報

⑵固定化して何度も利用する情報

⑴のインフォメーションとしての情報はその場だけの情報となります。

お知らせの情報として、今何をしているのか、どういう状況か、急ぎで知らせる情報は何かなどお知らせとしての情報です。

これらの情報共有には、Ｔｗｉｔｔｅｒ、ＦａｃｅｂｏｏｋなどのＳＮＳが有効です。

しかし、去年の今頃何をしていたのか、どういった業務が発生していたのかなどを素早く把握しようと思うと、ビジネスで活用するにはＳＮＳとしてのインフォメーション情報だけでは足りません。

そこで、⑵の固定化して何度も利用する情報が必要となります。

これがデータベースです。

ここでおすすめしている、ｋｉｎｔｏｎｅはデータベースとＳＮＳの機能がほどよくマッチしていて非常に便利なツールです。

固定化して何度も利用する情報とはどんなものかを説明します。

例えば、顧客情報、対応履歴などのある程度固定化しているけれども何度も見る、多人数で共有することで業務をスムーズにするために必要な情報のことです。

一般的にはマスタと呼ばれる情報です。マスタは最新情報がわかるようにします。

例えば、顧客の現在の住所や連絡先、担当などです。定期的な更新も大切です。

習慣化で情報収集を続ける

現状把握が重要といいましたが、インフォメーションとしての情報も、データベースの固定化情報も、情報収集集約をし続けなければ意味がありません。

そこで、習慣化の力を借ります。

習慣化することにより、情報の精度はどんどん上がっていきます。

つまり、情報を正しく収集することよりも、情報収集を続けることのほうが遥かに重要なのです。

ほとんどの仕事は、続けていくうちにちゃんとした仕事となっていきます。

ちゃんとした仕事とは何かというと、業務がスムーズに回り続けるということです。

現状把握および情報収集は正確にすることを目指すのではなく、続けることを目指しましょう。

続けていくうちに様々な気づきが発生していきます。その結果、徐々に精度が上がっていき必要なところで安定します。必要以上の情報は集めても意味がありません。

現場に負担を強いるだけなので、バランスを考えながら進めていきましょう。

管理側はどうしても、たくさんの情報を求めがちですが、本当に必要な情報はその中でも限られているはずです。

その限られている、大切な情報をしっかり取れればそれでよしとしてください。

精度が上がっていったら、収集する情報を増やしていけばいいのです。

習慣化にエネルギーの8割を注げ！

前の章でも触れましたが、この習慣化にエネルギーの8割を注いでください。

この習慣化さえできれば全体の仕事の半分以上が終わったのも同然です。

なぜならば、どのようなシステムをつくってもデータがシステムに溜まり続ける仕組みがなければ意味がないからです。

データが入力されれば、そのシステムはあてになるシステムとなり、いつでもあてにしてみんなが見る状態が生まれます。

見る状態が生まれると、そこに情報を集めれば他の情報とも紐づけてすべての業務情報が1つのシステムで閲覧可能になります。

これがｋｉｎｔｏｎｅを活用すると非常に簡単に実現可能です。

とはいっても、仕組みをつくればうまくいくわけではありません。

やはり、習慣化で、データを常に最新の情報に保つ、みんながあてになる状況をつくり出すことのほうがはるかに大切です。

情報とは何か？

情報収集をする上で、情報とは何かをしっかり把握しておく必要があります。

情報とは、目的・目標を達成するために必要な情報のことをいいます。

インターネットを想像してみてください、インターネットには無限の情報が散らばっています。

しかしその中で、自分が必要な情報はごく一部だと思います。

このごく一部の情報を取り出すために、検索技術が必要となります。

つまり検索がなければ、情報だけ大量にあっても役に立たずに、意味がありません。

自分に必要な情報、つまり一般的にいう「情報」とは、自分の目的・目標達成するために必要な情報のことをいいます。

目的・目標と直結している情報

目的・目標と情報は密接に絡んでいます。

関連性のない情報は必要ありません。

しかし、仕事をする上ではすべての情報がなんらかの形で関連しているはずです。

もちろん関連している情報を日報の形で吸い上げることが可能です。

しかし、日報では情報把握の限界もあります。情報が体系的にまとまらないのです。

ノーコードツールを導入して成果を上げている企業の中では、日報を廃止したところも多いのです。

なぜかというと、今までは日報を活用して現状把握をしてきました。

しかし、1日の終わりに日報を書かずとも、仕事をしたらその都度案件管理のシステムに情報を上げる、進捗を変更するなど、その都度情報を共有することで、日報の役割が不要となりました。

その結果、日報の仕組みを排除して、案件や、業務ごとに情報を集約することで情報を体系立てて把握しやすくなり、シンプルかつ簡単になりました。

ここがポイントです。

情報はたくさんあればいいものではありません。

たくさんの情報を体系立てて素早く確実に簡単に把握することが大切なのです。

そのためには、情報を日報単位ではなく業務の目的単位、例えば案件ごと、得意先ごと、業務ごと、担当者ごとにまとめる必要があります。

情報は、目的・目標と直結しているのです。

その目的・目標のために何がどうなっていて何を改善すれば確実に目標が達成できるのか、という情報が把握できなければ情報があったとしても意味をなしません。

ですから、情報をまとめる場合、最終的には目的別、役割別にまとめることが大切です。

ここで役に立つのが、ｋｉｎｔｏｎｅです。

Ｋｉｎｔｏｎｅは、関連した情報を結びつけることが非常に簡単にできます。

最初は不完全な情報だったとしても、その不完全な情報から関連性を見つけ出し、最終的に結びつけて、集計し、グラフにして1か所にわかりやすくまとめることが可能です。

目的と目標と情報は直結している、そしてその直結している情報は、見やすくまとめることが重要です。

2　すべては現状把握から

さあ現状把握をはじめてみましょう。

まずはきれいに情報をまとめることよりも、ざっくりと把握することを目指しましょう。

そのために日報からはじめることが無難です。

ある程度プロジェクトが進むと、日報だけでは情報収集の限界を感じます。

そのときこそ、いよいよデータ収集の仕組みを変えるときです。そして現状把握をはじめると気づいてくることがあります。様々な情報が隠されているのです。

どういうことかというと、現場の人間は自分の都合のいい情報を最初に出そうとします。

しかし、管理者側から考えると、それは全く違います。それどころか、非常に問題があります。

問題点をなるべく早く把握したいのが本音です。

どんなに問題点を把握しようと思っても、現場の担当者はどうしても隠しがちです。

なぜかというと問題はある程度、自分たちで解決し、解決できなければ上司に報告するという風なスタンスだからです。

それは当然のことです。

なぜならば、私たちは引き算の文化の中１００点満点からマイナスされる経験を沢山しています。このことにより悪いことは出さない、できたことを、よかった結果を、重要視するように教育されています。

ですから、ぜひ取り組んで欲しいのは、「やりたくない」「行きたくない」「進まない」「嫌い」など業務においては然るべきことと思われている情報の把握です。

そして、この現状を受け入れる大切さを皆で共有してください。

やってみるとわかるのですが、劇的変化が生まれます。

自分のできないこと、苦手なこと、問題点などを共有することで、誰かに助けてもらえます。この誰かに助けてもらえることは、逆の目線でいうと、自分が得意なことを共有して助け合えるということです。

仕事は、限られた時間の中で最大限の成果を出すことです。

最大限の成果とは、品質や精度もさることながら、より多く成果を出すことです。

仕事が止まっていることは生産性においては大変大きなマイナスとなります。

仕事において最も時間がかかることは、人と人との間の仕事のコミュニケーションです。

例えば、見積もりをお客様に出したとします。その見積もりをお客様がいいか悪いかの判断をするのを待っています。

その結果、２週間も３週間もかかります。

それがもしも、出した瞬間に結果がわかるとしたら、業務の生産性は劇的に改善されると思いませんか？

同じように、社内の業務も人と人との間のコミュニケーションで止まってしまっていることが多いのです。

コミュニケーションといっても、たいしたものではありません。

大概は忘れているか、そのうちやろうと思っていてやっていないか、面倒だと思って後回しにしているかなどです。

ですから自分が苦手なことや、困っていることなどを積極的に共有して、業務をスムーズに進めるため、助け合うほうがはるかに大きな成果が生まれるのです。

経営者、管理者はここを肝に銘じてください。

現場はいい結果だけを報告しがちですが、それ以上に悪い情報を共有したことを認めて、褒めてあげてください。

そして誰しもが、自然体で、無理をしすぎない企業、そのような文化をつくり出すようにしてください。

苦手なことを改善するよりも、得意なことをより伸ばすほうが大きな成果が出やすいはず。マイナス面を改善しても、よくてゼロになる程度で、得意な人には勝てません。成果には協力が大切です。

3　Excelを今すぐやめよう

Excelは情報集約が非常にやりにくい

ほとんどの中小企業では、基幹業務以外の業務をExcelで回していることが多いようです。Excelは非常に便利なツールで、紙のように何でも書き込める上に計算もやってくれます。シート同士のつながりもつくることができますから、一見、使い勝手がいいように見えます。

しかし、ＤＸ経営の観点から考えると、Excelで業務を回している限りはいつまで経っても全体の把握ができません。

ＤＸ経営において、最も大切なのは、いかに状況を早く把握するかです。そのために情報の集約が必要です。

Excelは残念ながら情報の集約が非常にやりにくいツールとなっています。

もちろんできないわけではありませんが、情報が複雑になり書類の作成者しかわからなくなります。そういう意味では、クラウドのデータベースサービスに移行したほうが間違いありません。

Excelが悪いわけではない

なにもExcelが悪いわけではありません。紙の代替としては大変優秀ですし、使い勝手も悪くありません。しかし、前述した情報収集、集約をしようとすると途端にやりづらい、使いづらいツールとなります。もちろん、Excelのほうが便利な場合もあります。

その辺はバランスを見ながら、よく考えて使い分けてください。

情報の集約が大切

情報は1か所に集まっていないのも同然です。

会議で報告することだけが情報ではありません。欲しい瞬間に欲しい情報にアクセスできることが重要です。そのためにも情報は1か所に集めることが理想です。

情報の集約をしない限りは、現状把握はできません。打合せのために情報を集約するのでは遅すぎます。リアルタイムで情報収集を当たり前にできる時代です。

1か所に情報を集約させせましょう。

現状をぶっ壊せ！

Excelを使っている現場からすると、Excelを止めて他のツールを使うことは非常に抵抗があります。しかし、Excelを使っている限りは永遠に状況の把握ができません。

経営において状況が把握できないということは致命的です。

ですから思い切って現状をぶっ壊しましょう。

現状をぶっ壊すといっても、何の策もないままにはじめても意味がありません。Excel では限界があることをわかってもらった上で、クラウド上のツールの活用を検討するのです。それも、現場のスタッフと一緒に必ず検討してください。

もちろん、会社として新しいツールを導入することは経営者側、もしくはＩＴ担当者の方で決めても構いません。

しかし、現場で使っている便利なツールを置き換えるとなると話は別です。

そもそも現場では Excel を会社から指示されて使っているわけではありません。それどころか、会社側が Excel を使えということは少ないのです。

それぞれが現場で工夫をした結果 Excel を活用しているのです。

ですから、現場と必ず相談をしながらｋｉｎｔｏｎｅのようなツールの導入を検討してください。

ｋｉｎｔｏｎｅであれば、Excel の代替としても充分に役割を果たします。

なぜならばｋｉｎｔｏｎｅには、プラグインと呼ばれる拡張機能が４００種類以上あります。これらの拡張機能は、プロダクトパートナーと呼ばれるサイボウズ社のパートナーがつくっています。その中に、ｋｒｅｗと呼ばれる、まるで Excel と見紛うばかりの便利なシステムがあります（参考：グレープシティ株式会社　krewSheet　https://krew.grapecity.com/）

こういったものを活用して、データの集約をｋｉｎｔｏｎｅで実現します。

ですから、安心して Excel をやめてください。Excel をやめた当初は非常に不便を感じるかと思います。

しかしある程度システムを構築後に、情報収集し業務が回ってくると、状況がガラッと変わります。

情報把握のスピードが圧倒的に違うのです。

例えばExcelで状況の把握に資料をまとめる業務に丸1日かかったとします。

しかし、ｋｉｎｔｏｎｅを使えば、資料をまとめる手間もありませんし、リアルタイムで状況がわかりますし、関連する情報に簡単にアクセスできます。1日かかっていた業務が1分、2分という短い時間に短縮されます。

Excelをやめる勇気

ここでのはじめの一歩は、Excelをやめると決定をすることです。

いいですか、やめる決定をすることです。

やめると決めなければ物事はうまく動きません。

「そのうちやめる」では意味がありません。

何月何日にやめてこのようになりますという宣言をしてください。

面白いもので、やめると決めてしまうと別の方法が見えてきますし、みんなの心も動きます。

決断、決定は経営者もしくは責任者しかできません。

そうです、この書籍を読んでいるあなたです。

もしあなた自身が、決定権がなければ決定権者を説得してください。

いいですか、Excelを使っている限り、永遠に情報の集約ができないのです。

Excelでは集約することに時間がかかりすぎて、会社の生産性を上げることができません。ですからExcelをやめる勇気が大切なのです。

退路を断つ

中途半端に新しいシステムと古いシステムを併用することはおすすめしません。

なぜならば、古いシステムには慣れてしまっていますから、新システムがどんなに便利だったとしても、慣れには勝てません。つまり、ずっと併用している限り不満が収まらないのです。

慣れは恐ろしいものでして、不便なシステムでも慣れているシステムのほうが便利に感じます。

人間の適応力は素晴らしいもので、一度慣れてしまうと思考停止して、何も感じなくなるのです。

新しいシステムが便利だったとしても、いつも通りにできないことに大きなストレスを感じて、新システム＝使いにくいとなります。

ですから、新システムの検証が終わったら、速やかに旧システムを停止するか、使えない状態にしてください。3か月もすれば、新システムにあっという間になれてしまって、不思議と文句が出なくなります。人間の適応力ってすごいですね。

Excel の代用

Excelでしかできないことであれば、Excelを併用することも悪くはありません。

しかし、Excelだけでしかできないと思い込んでいることも多く、Excelの代わりにｋｉｎｔｏｎｅを使うことにチャレンジする意味は充分にあります。Excelからの代替でｋｉｎｔｏｎｅの構築をかなりやってきましたが、ほとんどのケースではｋｉｎｔｏｎｅに載せ替え可能でした。Excelでしかできない業務はほとんどないと思います。しかし、Excelでつくり込んでいるために、簡単にｋｉｎｔｏｎｅに移行できないということはあるかと思います。

その場合でも、何のために、何をするためにExcelで構築していたのかを問い直すと答えが見えてきます。1つひとつの意味や、目的を改めて洗い出して、再認識して、再構築をします。すると、Excelだから今の仕組みになっているだけで、ｋｉｎｔｏｎｅのほうが便利に使える仕組みができたりします。

他のシステムでも充分にExcelの代用は可能です。それどころか、しっかりつくり込むとExcel以上のシステムに充分になります。

前述した、krewsheetなどを活用すれば、Excelの必要性は更になくなると思います。

ツールを使い分けよう

そうはいってもExcelのほうがはるかに便利な業務はあります。

その場合は、役割をしっかり見極めてExcelを残すのも１つです。

あるクライアント先では、Excelのファイルをｋｉｎｔｏｎｅのデータベース上に保存して共有しています。先ほどと申し上げていることが真逆のようですが、ツールは何のために使っているかを見極めて、使い分けることが大切です。

１つのツールだけで完結するというのは無理がある場合もあります。

ですから、Excelも用法をよく考えて、使ってください。

そうすれば全く問題ありません。

4　情報収集の方法を考えよう

続けて情報収集の方法について考えてみましょう。

そもそも、何のために情報収集するかは前述した通りです。

何のための情報収集？

目的目標達成のための必要な情報を集めることです。

情報収集からの現状把握がなぜ大切かというと、問題を明確にするためです。

問題の明確化とは、現状把握を正しく行い、問題が正しいものか、間違っているかどうかを見極

【図表８　問題・課題＝「目標」と「現状」の差】

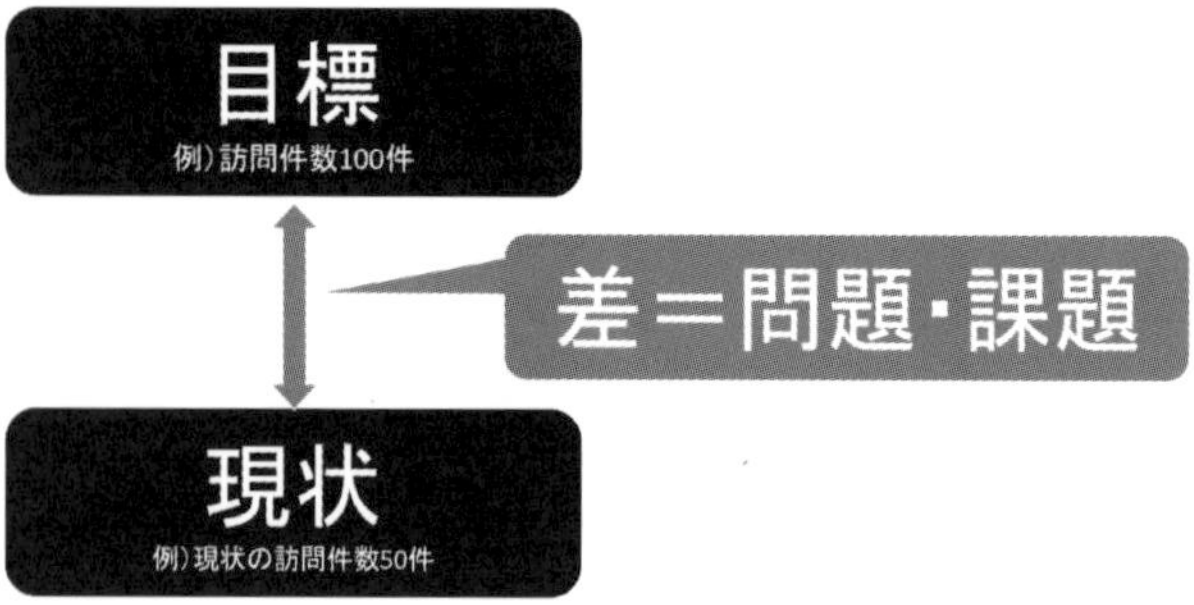

めることです。

問題の明確化

現状把握が間違っていれば、問題そのものが間違っている可能性が非常に大きいのです。問題とは、目標と現状との差をいいます。

そしてＩＴにおける目標は特に、ツールの導入や効率化とゴールに掲げてしまいがちです。

ここがそもそもの間違いです。

改めて、目的目標を考え直し、何のためにＩＴツールを導入するかをよく考えてください。その上で、現状把握のための情報収集をすると、はじめて本当の問題が明確になります。

現状把握は基本中の基本

現状把握は基本となります。すべてのはじまりは現状把握からです。

ここを疎かにすると、この後に目標設定に向けて進んでいったとしても、間違ったまま進む可能性が高いです。現状把握で、現在自分たちがいる位置を正確に知ることで、正しい方向に進めます。ですから、多少時間がかかっても、現状把握をしっかりとすることで、余計なロスを減らせます。

情報収集の手段

続いて、情報収集の種類について話をしていきます。

情報収集の手段は4種類です。

⑴手入力
⑵データの一括読み込み
⑶自動連携
⑷センサーなどから自動収集

これら4種類のうち、最も基本的なものは手入力です。人が自分たちの手を使って入力することです。

手入力にも何種類かあります。

⑴キーボード入力
⑵タッチなどで選択肢から入力

入力するデバイスは大まかに分類して次の4種類でしょう。

⑴パソコン
⑵スマホ
⑶タブレット
⑷その他の専用機器

データの一括入力なども可能ですが、その場合は既存のシステムからデータを移行するために取り込む場合でしょう。

ｋｉｎｔｏｎｅであれば、ＣＳＶデータと呼ばれるテキスト型のデータを取り込むことが可能です。

「既存システムのデータを外部から参照したい場合」ですが、ここにもコツがあります。

例えば、販売管理のような売上をまとめているシステムがあるとします。

きれいに見やすい伝票形式で、データを見たくなりますが、その場合は既存のシステムを使うしかありません。既存のシステムと同様に見やすくつくるのは大変な労力が必要です。

そこで、ｋｉｎｔｏｎｅを活用します。ＣＳＶ取込入力が可能なので、まずは販売管理システムからＣＳＶでデータを出力します。

それをただ単にｋｉｎｔｏｎｅで読み込めばいいだけなのです。

ここでのポイントは、形にこだわらないということです。

いつでも閲覧できる、外部から見ることができる、このようなシステム上にデータをアップすることで、検索が可能になります。既存のシステムだと、社内のＬＡＮの中で動くことはありますが、外部に公開してみることはなかなか難しいことが多いです。

そこで、ｋｉｎｔｏｎｅのようなデータベースシステムで外部から閲覧するようにします。

しかし、きれいに見ようと思うと大変な労力が必要なのでとりあえずあればいいというふうに割り切ってください。

実は過去のデータを参照する機会はそれほど多くありません。

どのような形でもいいから、見ることができれば、事務所に対して問い合わせをする機会もなくなると思います。

ちゃんとしてなくてもいいので、とりあえず目的を達成することを大切にしてください。

案外、データは見ることができれば頻繁に使わない限りは、形式にはそれほどこだわらなくてもいいのです。

情報収集のステップ

前述しましたが、情報収集にはステップがあります。

ざっくりと把握する段階が最初ですが、いきなり詳細まで把握しようと思わないようにしてください。

データは、手入力が中心となります。

つまり現場の負担が増えるということです。そして、ざっくりと把握するところからはじめるといいことがあります。何よりも、状況把握のスピードが圧倒的に早いのです。

もちろん、詳細情報を把握する場合も多々あると思います。

その場合は、はじめの一歩としては現場に電話かSNSかメールなどで聞いてください。

それを何度か繰り返し、日報でもそのような情報を共有したほうがいいのではないかと現場から意見が上がるかもしれません。

もしくはそのようなことを投げかけてみてください。

つまり、情報収集の初期段階においては現場をしっかり巻き込むことが大切です。

理想は、現場でもっとこうしたほうがいいのではないかという意見がどんどん上がってくることですが、そうはいってもなかなかうまくいきません。

やりながら、徐々に徐々に精度を上げていき正確にして情報収集の数を増やしていってください。

情報収集のポイント

情報収集におけるポイントは、1にスピード、2に習慣化、3に正確性、4に詳細情報です。

それも、優先順位が明確でなければ何の情報を収集すればいいかわかりません。

そこで初期段階では、何のためどのような情報を収集するかを明確にしてください。

前の章でもお伝えした通り、目的と目標のためです。

昔からの日報などで情報収集をしていたのは､会社の業務を時間で管理しており､従業員がサボってないかどうか把握したいなどが目的でした。

しかし、現在の仕事の仕方では、時間ももちろん大切ですが、それ以上に効果的な仕事を効率よくしているかどうかです。

そのためには、収集する情報の目的や目標が明確でなければ意味がありません。

もちろん、何の理由もなく情報を登録しろといわれたら、現場ではやるとは思いますが、これには何の意味があるのかというふうに思いながらやっていることは間違いありません。

情報収集とセットで必ず考えなくてはいけないのは、情報の共有です。

日報の形で情報収集するのであれば､日報をお互いに共有しあえるような仕組みにしてください。

そして集計結果を、最低でも月に1回は現場にフィードバックしてください。

このフィードバックがなければ、情報を集める必要性がありません。

会社における情報とは、目的目標のために情報収集するのですが、もう1つ、鏡でもあるのです。

私たち人間には自分が見えません。

自分自身の行動の評価は比較することによってはじめてわかります。

比較とは、分析です。

分析とは、集計したものと集計したものを比較することです。

それによって、はじめて自分の立ち位置がわかります。

経営者は、全体をよく見ながら方向性を決めます。

ですから知らず知らずのうちに比較しているんです。

でも、現場では違います。

他の部署って何をしているか、誰が頑張っているか、全く見えません。

情報収集をしっかりすることで、それらが見えるようになります。

そしてそれらを管理者が把握しているだけではもったいないです。

必ず、情報収集したら共有をするようしてください。

共有することによって、自分たちの位置、努力のレベルが、自分の技術のレベルが、鏡のようにわかります。


迷ったら、情報収集、現状把握！


会社経営は、いいことばかりではありません。

ときには、業績が低迷して右往左往したり、方向性がわからずに迷いが生じたりということがあるかと思います。

そういうときこそ、現状把握。迷ったら、情報収集、現状把握です。

現状把握は、カーナビに例えると今いる位置の把握です。

目的地を設定しても、現在地がわからなければ、どっちの方角を向いているのかがわからなければ目的地にたどり着くことは不可能です。

ですから、現状把握は基本中の基本、迷ったら必ず現状把握をしてください。

5　コントロールを取り戻そう！

続いて「コントロールを取り戻そう！」について話を進めていきます。

コントロールとは、経営者がもしくは管理者が、目的、目標に対して効果的に現場の行動を変えていくことです。

行動を変えていくためには、現場が何をしているのかを把握しなければ、何を変えるかも当然ながらわかりません。

すべてはコントロールなのです。
(1)何のためのコントロールか？
(2)何をコントロールするのか？
では何をコントロールするのでしょうか？

これは簡単です。行動をコントロールするのです。

意識はコントロールできません。

行動コントロールすることで、行動が結果となり、結果のコントロールと結びつけます。

基本は、過去と他人は変えられない。自分と未来は変えられるのです。

他人とは何かというと、会社の場合はお客様です。

業務は、管理者が結果責任を問われます。

しかし、現場側としては行動責任を問われます。

ここは仕事においては重要です。

現場側でよく聞く声が、「こんなのやっても意味がない」です。

しかし、管理者側や経営者が求めているのは「意味がないことを証明する行動の結果」なのです。

ここでは、現場のスタッフは命令に対して行動することを前提に話をしていきます。

つまりコントロールできることとみなします。

しかし、お客様もしくは取引先は、コントロールすることができません。

嫌なことを無理やりさせるわけにはいかないのです。

そこで、コントロールの精度を上げていく必要があります。

どういう形かというと、案件に例えればわかりやすいと思います。

案件の成約は、お客様が決めることです。

こちらから無理矢理、「買え」というふうにいったら、それは押し売りになってしまいます。

しかし、お客様が買っていただける可能性を上げることができます。

そのためにコントロールできるのは、行動だけなのです。

行動とは何か？

例えば、見積もりを出す、その後いかがですかと様子を伺う「電話をかける」「訪問して再度説明をする」などすべては自分たちの行動しかコントロールできません。

コントロールできない物事

コントロールがどうしてもできない場合はどうすればいいのでしょうか？

これは諦めるというのが答えです。

例えばですが、皆さんは朝日を登るのを防ぐことができますか。

暗くなる夜を防ごうと思いますか。

一切思わないと思います。

これは原理原則といって、そもそもコントロールできないことなのです。

そこに焦点を当てても、時間の無駄です。

ですから、コントロールできるものは可能性を上げていく、コントロールできるものを増やしていくということが大事です。

そして最初に、コントロールできるものとできないものを分けてください。

コントロールにおいては、次のように分類してください。

〝コントロール可能と思っていて、実際にはできない〟

〝コントロール可能と思っていて、実際にしていない〟

〝コントロール可能と思っていて、実際にしている〟

〝コントロール不可能と思っていて、実際にはできる〟

〝コントロール不可能と思っていて、実際にできない〟

これをまずは分けることが大切です。

図表9のシートを使って、これらを分けてみてください。

例えば、売上を上げるためにはどうすればいいのか？　コントロール可能なものとできないものとに分けます。


(例)

コントロール不可能：　受注：(お客様が決める)

コントロール可能　：　訪問数、提案数、セールストーク、断られてからの再提案、紹介数
その上でコントロールできるものに焦点を当てていきましょう。

ポイントは、「コントロールできないと思っていて、実際にはコントロールできること」です。

「コントロールできると思っていて、実際にはできないこと」も危険です。

例えば、他人などです。

強くいえば行動が変わり、自分に従ってくれるような錯覚に陥りますが、実際には全く違います。

もしも自分が依頼したことに対して、喜んでやってくれているとしたら、あなたの存在そのもの

【図表9　コントロール分類シート】

項目	事例	記入欄	考え方
コントロール可能と思っていて、実際にはできない	過去、他人の言動・行動・考え、命		諦める
コントロール可能と思っていて、実際にしていない	感情、自分の過去、自分の体重、健康的な食事、運動、規則正しい生活、学校の成績、支出、収入		見直す
コントロール可能と思っていて、実際にしている	自分の行動、自分の言葉、食事、睡眠、遊び、趣味		
コントロール不可能と思っていて、実際にはできる	感情、夢、目標、成功、収入、法律、仕事、残業、他人からの依頼、依存症		見直す
コントロール不可能と思っていて、実際にできない	天気、日の出、日の入り、重力		諦める

か、依頼を受けることがメリットの可能性があります。

つまり、相手が相手の頭の中で、従うか、従わないかを選んで決めていることなのです。

この辺をわきまえた上で他人に依頼をしていきます。

コントロールの前準備

まずは自分の行動を分析する必要があります。図表9に従って、行動を分析してみてください。

その上で、考え方を学びます。
・コントロール可能と思っていて、実際にしていない
・コントロール不可能と思っていて、実際にはできる
これら2つの項目のコントロールを広げることです。

自分で思い込んでいて気づかない可能性もあります。それでもいいので、気づく範囲で記入してみてください。

その上で、コントロールへのチャレンジをすることです。

というのは簡単ですが、実際に行ってみると勇気が必要なもの。三日坊主で終わるものなど、簡単にコントロールできるとは限りません。

私自身も、定期的な運動などはトレーナーの力を借りて、約束を毎週して実現しています。

自分の考え、思い込みを変えるのは難しいことです。他者の力も借りて上手に改善してください。

事実の大切さ

続いて事実の大切さについて説明していきます。

ここでは、事実と現実を分けて考えます。事実とは、起きた事象そのもののことをいいます。現実とは自分の解釈をいいます。

つまり、自分が解釈していることと、起きている事象は違っている可能性が高いのです。

どういうことかというと、仕事をがんばっているかと、社員に聞けば１００人中１００人が頑張っていると答えることでしょう。

しかし事実は違います。

やっている仕事の量が違う、結果が違う、時間が違うなど様々な違いが出てきます。

つまり、頑張っているというのは、人によって解釈が様々で、自分なりに頑張っているということなのです。

この頑張っているということを真に受けてしまうと、コントロールが全くできません。

頑張っていればいいという風な解釈を私たちはしがちですが、仕事は結果がすべてです。結果が出ていることと頑張っていることは違います。

頑張っても頑張らなくても結果を出すことが大事なのです。

そこで、事実を見極めることが必要になります。

そのためには、定量・定性化が大切です。

定量・定性とは測れる数値や状態を表す言葉です。

物事を測ることができなければ、コントロールはそもそもできません。

情報収集する際には、物事を測れるような共有をしてください。

目標はＤＸで

続いて、目標について話をしていきます。

管理者もしくは経営者は「結果責任」が問われます。

これは当たり前のことですよね？　やればいい、頑張っていればいい、というわけではありません。

そこで、目標に対して現場が行動や実績が足りなければ、当たり前ですが、叱咤激励をして話を詰めていきます。しかし、これはやればやるほど残念ながら嫌われます（笑）。

ですから、経営者は孤独だなどという話になりますが、それは1つの解釈にしか過ぎません。

経営者は孤独なんかではありません。

経営者はたくさんの仲間と一緒にプロジェクトを進め、結果を出し、みんなに給料を払い、幸せな人生をつくる手伝いをしています。

もちろんわかりあえない人たちもいると思いますが、それは仕方がないことです。

そこで、ＤＸです。

目標と現状との差が「問題・課題」です。

この問題・課題を解決するために、管理者・経営者は担当者を動かしますが、問題の明確化はITツールを使って行ってください。

ITツールを使うとは、目標と現実との差、予算実績管理などを行い、数字の見える化で、ITシステム上で、問題点を明確に示すということです。

例：目標：売上５００万円　実績：売上３００万円　不足（問題・課題）：２００万円
そして管理者・経営者は、この問題について本人を責めるのではなく、解決のサポートをしてください。

ちょっと例え話をしてみましょう。

「Aくん、今月は数字が足りてないようだね、２００万円の売上不足みたいじゃないか、一体どうしたんだい、何か力になれることはないか、君の力になるから、一緒に考えてみようか」

このように、一緒に考えるスタンスをとります。

そうすることで、現場の担当者は自分の心を理解してくれていると感じることでしょう。

しかし大前提として、その担当者が目標達成をしたいと気持ちが固まっていることが大切です。

その決意がないままにアドバイスやサポートしたとしても、余計なお世話となる可能性があります。

ただし、仕事においては、目標達成しなければ、当然ながら評価は下がります。

ですから、一緒に目標達成について考える、サポートすることは、一体感が生まれて非常にいい空気になります。

嫌なことは、ITツールに任せて、管理者、経営者は、みんなと一体になり、人にしかできない私たちにしかできないことに注力していきましょう。

励ましと応援

人は、どんな人でも、励ましと応援を求めています。

認めてほしいのです。

ですから、減点方式では空気が悪くなり、協力する体制にならないのは当然のことなのです。

人との関わりは、心を持って、愛情を持って行ってください。

厳しい関わりには前提が必要です。その人のためになることで、本人が求めていることです。

しかし、経営者が見ている世界と、現場のスタッフが見ている世界にはズレがあります。

そのために、経営者が自分のためと思ってよかれと思って発した助言が、ひどいことをいわれたと誤解（誤った解釈）されることがあります。

これは、長期的な視点を持ってない、もしくは情報が足りないためです。現場のスタッフにおける情報不足は、ITツールを活用して解決してください。ITツールを使って、情報を収集・集約して、担当者に関連する現状をしっかり見せてあげてください。

目の前の仕事だけが仕事ではないのです。お客様がよりよくなる手助けをしていくことが、私たちが本当に求められていることの１つでもあります。

そのような自覚を担当者に持たせるということも、ＤＸ経営において実現できることなのです。ですから、関わりを持つ際は、励ましと応援の気持ちを忘れずに、心を持って関わってください。

6　行動を変える気づきと分析

行動は、自分で気づいて変われることが理想です。そして自然なことです。

ＤＸ経営では、情報収集をし、情報共有を実現し、気づきを促進させます。

行動が原点

すべての結果は行動によるものです。

行動は仕事においては、基本中の基本。原点となります。コントロールも行動のコントロールが重要と述べました。この行動が本当に大切だということを肝に命じてください。

行動が変わらなければ、何も変わりません。すべては行動なのです。

分析とは

気づきを各自が得られるためには分析が大切です。しかし、多くの中小企業ではこの分析が苦手なようなのです。

分析とは、実は簡単です。集計したものと集計したものを比較することです。

何を集計するかというと、集めた情報を集計するのですが、最初のうちはどんな情報を集めればいいのかもわかりません。

まずは、目標に対して、必要と思われる情報を集めます。

案件管理であれば、面談数や、見積もり数、案内した商品、行動しているまたは必要と思われている情報を逐一収集します。

それらを集計してみます。

日付別、月別、担当者別、商品別、頻度、感覚など、様々な角度から集計し、比較してみましょう。

そうすると先月と今月では数字が違うなど、差がわかります。

その差こそが、分析そのものです。

差に気づき、差と目標との因果関係に気づくことが分析業務そのものです。

分析すればわかる

分析してみれば、自分たちが取り組んでいる仕事ですから、大概の問題点には気づきます。

例えば、売上と、訪問件数との関連性や、社内の業務であれば、請求書の発行数と売上との関連、電話の本数と売上との関連、などなど関連したものから、どんな行動がどのような結果に結びついてくるかに気づくはずです。その気づきそのものが実は大切です。まずは気づくこと、それから違いを把握することです。

担当者別に比較するなどはいい例です。

見た目はゆとりがありそうなのに、業績がいい営業担当と、いつも忙しくしているのに、業績が芳しくない営業担当との違いは何か？　など様々な疑問点が浮かび上がってきます。

それらをもとに、どのように行動すればいいのか、改善する方法について話し合うのです。

鏡を持つ

ＤＸ経営においては、この分析を通じた鏡を持つ必要があります。

鏡とは、自分たちの行動を映す鏡のことです。

私たちが普段行っている仕事で、結果に直接結びついている業務はわかりやすく問題ありませんが、直接結果に結びついていないものも多くあります。

例えば、自社製造している商品、それも工程ごとに役割が決まっていて、ある担当は一部分しか担っていない商品があったとします。

その担当の方は、自分がただ単に流れ作業を誰のために、何のために作業をしているのかわからないまま、麻痺してしまい、仕事のために仕事をする、給与のために仕事をするような考えになることがあります。

しかし、それは全く違っています。

そもそも、お客様がその商品を手に取ったときにどのように思うのか？　どのように使うのか、使い勝手はどうか？　などなど顧客の満足度、それから売上に本来はつながっている大切な業務なのです。

しかし、実際には作業を繰り返ししているために、感覚が麻痺してしまい、いつしかお客様に喜んでもらうための仕事ではなく、やれといわれたからやっている仕事に変わっていってしまいます。

そこから脱却するためには、鏡を持つ必要があります。

「業務の見える化」です。

見える化をすることは大きな成果につながります。

自分が何のためにこの仕事をしているのかが一目瞭然だからです。

有名な例え話があります。

レンガ積みの職人の話です。

ある街に行くと、レンガ積をしている職人がいたので聞いてみました。

「それは何をしているのですか？」

「見ればわかるだろ。レンガを積んでいるんだ」

少し歩いていくと、またレンガを積んでいる人に会いました。

「何をしているのですか？」

「家をつくっているんだよ」

また歩いていくと、またレンガを積んでいる人がいました。

「何をしているのですか？」

「街をつくっているんだよ」

そして次にレンガを積んでいた人に聞くと、このような答えが返ってきました。

「国をつくっているんだよ」

このように、自分がしている仕事が「何のためか」がわかっていると、仕事のやりがいに直結します。同じことをしていたとしても、意識は全く違うはずです。

自分自身の仕事に対する「誇り」そのものも大きく違います。

ですから、自分の仕事は何のために、誰のために役立っているのかを知ることはとても重要です。

そこで、ＩＴを活用してお客様の声を共有し、工場で作業をしているすべてのスタッフに見えるようにします。それだけでも、自分たちの製品がお客様の役に立っていると時間ができ、仕事に対するやりがいは大きく変わることでしょう。

これが、鏡を持つということです。

さて、分析には、効果的なことや、違いを見つけてやる気を出す、または意識を変えていくという側面もありますが、そもそも、その業務が「必要なのか」「不要なのか」の判断をする材料にもなります。

分析した結果、あまり効果がない仕事が見つかります。

その仕事はやめるか、もっと単価の安いパート、アルバイト、もしくは外注などに依頼してください。

この、仕事そのものを分析することによって、効果的か効果的ではないかがわかり、経営資本、即ち、人、モノ、金、情報をどこに集中させるかの取捨選択ができるようになります。

経営そのものは、より大きく、よりたくさん、より長く成長を続けていくことがよしとされています。

しかし、生産性、業務効率を上げなければ、いくら会社が大きくなったとしても、ただぶくぶく太っている、中身のない無駄の多い会社となってしまいます。

これでは、従業員に対して満足な報酬を与えることができません。

つまり、分析し、効果を測り、効果的な行動を見つける、もしくは効果が少ない行動を見つけることで、経営資源を効果が高いものに集中させます（改善そのもの）。

これを繰り返すことによって、会社の生産性を高め、収益を大きくアップさせます。

収益は、「売上の増加」「経費削減」の2つを実現することで生まれます。

経費削減とは、直接的な経費削減だけではありません。生産性アップ、効率アップ（無理・無駄・ムラの削減、自動化、便利さ）なども重要な要素です。

1つひとつの影響は小さいかもしれませんが、この改善を続けることによって、2年後、3年後、

4年後と、どんどん効果が大きくなります。

ＩＴのシステムの効果は持続します。これがＤＸ経営の本質です。

一度構築した仕組みは、継続するのです。ですから、ＩＴツールの導入に一時的にお金がかかったとしても、長期的にその恩恵を受けられるので、費用対効果がとても高い。

そして、最終的には、自分たちで何をすれば効果的なのか、会社のためになるのか、売上が上がるのか、効率的なのかを考える力を身につけさせます。

それは業務の見える化からはじまり、それぞれ必要な情報をわかりやすく、かつ素早く把握できるようになると実現できます。

そこまでいけば、ＤＸ経営は完成に近づきます。

会社の仕組みのゴールは、自動化。

それぞれがそれぞれの立場で必要な情報が集まり、各自が何をすればいいのかを判断できて、成長していく組織。そのような状態が1つのゴールではないでしょうか。

誰もが、自分の仕事を評価でき、自己管理できる。

もちろん、自己管理できない人は、管理してもらうことも大切かと思います。

しかし、いわれてからやるよりも自主的に考えて進んでいくほうが満足度ははるかに大きいはずです。理想は、「自分の上司は自分」です。

チーム全体が、一丸となって協力しあい、大変なときは助け合い、一緒に会社という大きな船で成果をあげられれば幸せになれるのではないでしょうか？

気づけば直せる

問題点に気づけば、直すことができます。効果があると信じて効果がないことを続けるのは、効果がないことに気づけないから。または効果が見えない、作業や業務をこなすことが目的となっている場合です。

人間はよりいいものに触れると、以前の感覚には戻れません。ＩＴの仕組みにおいて大切なのは、自分で自分の行動の結果がいい結果につながるのか、悪い結果につながるのかに気づけることです。

必要か不要か？

業務をこなしていると、取り組んでいる業務が必要か不要かの判断もできなくなることがあります。分析を通じて「効果がある業務」と「効果がない業務」を分けて、「管理のための管理」など、工夫すればなくせる業務はたくさんあります。

正しくできていること、ルールを守ることが大切という錯覚に陥らずに、何のための業務か、目的意識をしっかり持って改めて業務を見直してみてください。

ＩＴシステムを導入する過程では、現状の業務をそのまま新しいシステムで実現しようとしますが、大きな間違いです。これはチャンスだと思って、しっかりと本来の業務の意味、役割、必要性を見直してください。

自分の上司は自分　自己管理への道

組織の中では役割分担で、管理する側とされる側に分かれます。どの役割でもそうですが、指示があってから動くことも大切ですが、指示が来る前に予想して動くことも求められます。

つまり、管理されるだけではなく、自分自身で何が必要かを見つけて、自分の仕事を創り出すことです。

もちろん、業種によってはそれができないものもありますし、独自判断で行ってはいけない業務もあるかと思います。そういうものは省いて考えた際に、自分の仕事の成果や、質は自分自身で決められるということです。

上司が求めていること以上の仕事をすることで、評価が上がる。上司の指示は大切ですが、それ以上に自分自身が何を目指すのかをしっかり自覚して、「自分の上司は自分」という意識を持つことはとても大切です。

自己管理というと難しいように思いますが、必要な情報が揃っていれば何がいいか判断が可能になり、よりよいほうへ自分の行動を管理することができます。あまり難しく考える必要はありません。何がいいか悪いかを判断できて、自分で決められれば自己管理となりますので。指示に従ってばかりだと忘れている感覚かもしれませんが、自分の感覚を信じて取り組むと感覚を取り戻せます。

感性を大切にする

行動を変えるためには、感性が大切です。何がいいのか悪いのかはもちろん、何をすればお客様が喜ぶのか？　どのような仕事をしていきたいのか？　自分たちが大切にしていることは何か？　成果を挙げるために正しいことは何か？　あらゆることに感性は関係してきます。

何が大切かわかっていないと判断はできません。情報共有をすれば成果があがるわけではありません。それぞれの感性がいいものであれば、いい結果に結びつきます。何のために行動を変えるかは、よりよい結果を出すためです。よりよい結果が何かわかっていなければ、当然ながら判断はできません。ＤＸ経営で大切なことは、目的です。何のために何をするのか。行動は、何をするのかの部分です。「何のために」がなければ、何をするのかは明確にはなりません。なぜＤＸ経営が必要なのか？　そのためには何が必要なのか？　どんな行動をする必要があるのか？　根本的なことかもしれませんが、それが大切です。

私はＩＴ講座を開催しています。その講座の中では、目的について、仕事とは何かについてなど、根本的なことを教えています。自分が何を大切にするか、自社が何を大切にしているかが社員のみなさんに伝わっていなければ、行動を変える必要性もありません。行動を変えるためには、それぞれの感性を磨くことが大切です。経営者や管理者はその根本的なことから目をそらさずに、向き合って取組んでみてください。ビジネスの基本はより多く、より大きく、より早く、より確実に、です。終わりがありませんから、何が大切かを決めないと、ビジネスの犠牲者になりかねません。

第3章　習慣化の力で圧倒的な成果を上げよう！

1　習慣化とは

さあいよいよ、第3章に入りました。

第3章では習慣化について詳しく取り上げていきます。

習慣化の大切さは今までにも何度か申し上げております。

しかしこの習慣化の力を皆さんはご存知でしょうか？

習慣化の力を使うと、今までできなかったことができるようになります。

どんなに忙しい中でも、必ず物事が進んでいくようになります。

この習慣化の力を、どのようにシステムの中に盛り込むかが、実はＤＸ経営においては大切です。

では、１つひとつ解説していきましょう。

習慣化とは何か？

まず習慣化とは何でしょうか？

習慣とは第二の才能という言葉もあります。

そもそも習慣とは、歯磨きのように特に負担を感じることもなく、やるべきことを定期的に続けていくことです。

皆さん、歯磨きをしなければ気持ち悪いですよね?　気持ち悪いから歯磨きをするのではなく、習慣化しているから歯磨きをしている側面が大きいはずです。

それは、口の中が気持ち悪くなったから歯磨きをするのではなく、毎朝起きたら、顔を洗い、歯を磨く。とくに意識をせずに当たり前にやっている人たちが大半だと思います。

それは自分たちの親、もしくは祖父母先祖から伝わっている大切な習慣です。

この習慣の力、実は1回1回は小さなものです。

しかし、これを継続していくことによって、大きな成果が得られます。

この継続し成果が得られる状態、もしくは成果が得られる状態を維持している状態、この状態を習慣化できている状態といいます。

何のための習慣化か?

習慣化はただすればいいのではありません。読者のあなたなら気づいていると思いますが、目的が大切です。

もっと大切なのは価値観です。自社の価値観、理念、自分の価値観、理念、そういったことのために習慣化を活用します。習慣化の威力は絶大です。

だからこそ、目的意識をしっかりと持つことが大切。目的意識を持たず、義務感だけで業務に取り組み、習慣化をしても長期的視点からすると望んだ方向には行きません。

何のための習慣化か？　このことをよく意識して、習慣の仕組みをつくってください。

チェックを活用して自動化しろ

では、DX経営における習慣化とは何でしょうか？

最も大切な習慣は、チェックの習慣です。

チェックとは確認をする、状態を把握することです。

このチェックは、業務改善の基本である、PDCAの中のチェックです（図表10）。

- Plan　プラン（計画）
- Do　ドゥー（実行）
- Check　チェック（確認）
- Action　アクション（改善）

この4つのサイクルからできています。

しかし、この4つを効果的に回していくことは結構大変です。そこで注目が、Cのチェックです。

このチェックにさえ注目しておけば、実は他の項目は自動的に回っていきます。

なぜ他の項目が回っていくか？　企業活動は目標達成が基本だからです。

目標達成ができなければ、私たちは給与をもらうことはもちろん、企業の存続、経営ができません。それではみんな困ります。

【図表 10　PDCA】

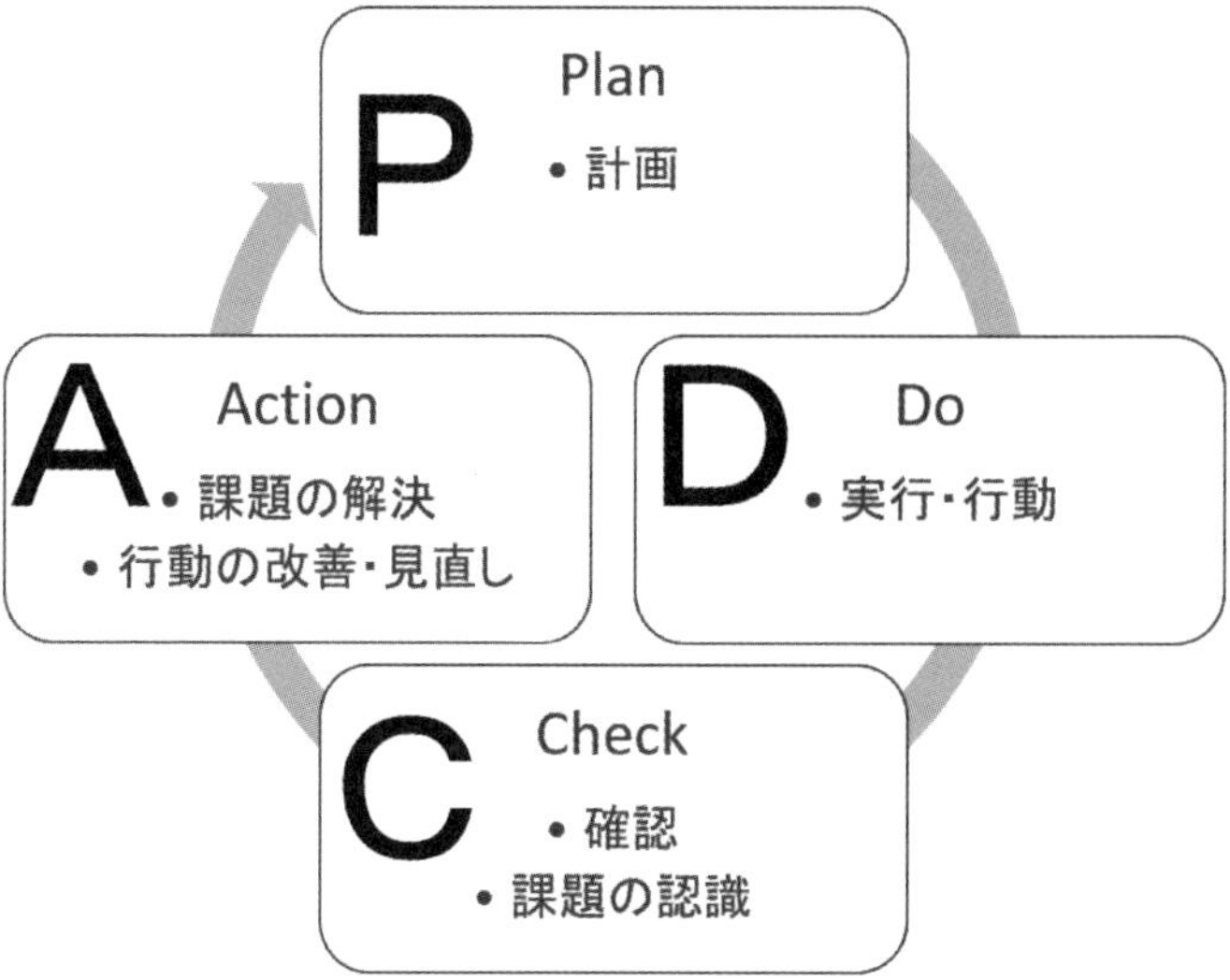

ですから、途中経過がどうかを頻繁にチェックすることで、次はどのような手を打てばいいかを考え、行動をコントロールしていきます。

どんなに業務が見えるようになったとしても、チェックの仕組みを定期的に取り入れなければ、実は業務は回りません。

仕事は、当たり前ですが、ただやればいいものではありません。

それぞれが決めた目標に対して、効果的な行動ができているかをチェックしながら、問題があれば、その問題を修正していくことが大事です。

そのためには、仮に1年に1回チェックをしただけでは、全くもって効果が上がりません。

月に1回、週に1回、毎日するこのチェックの感覚が短ければ、短いほど業務はうまく回ります。なぜならば、間違いに気づいて、修正しやすくなるからです。

修正しやすくなることは、方向性が間違っていても、すぐに軌道修正し、やり方を変え、目標に早く近づくことです。

ですから、チェックの間隔を短くし、定期ミーティングの中でチェックする内容を決め、少ない労力でそれぞれが状態を把握し、業務がよりよくなるような仕組みをつくる必要があります。

この仕組みをつくるためには、ＩＴツールを使って情報を収集集約し、その情報を素早く共有し、分析し、わかりやすくまとめることが大切です。

習慣化と、ＤＸ経営はセットなのです。

辞めない

習慣化で大切なことは、やめないということです。

仕事をちゃんとする、ちゃんとした管理をする、ちゃんとした形にするということは、実は続けるうちにどんな人でも実現できます。

ちゃんとするということは、どういうことかというと、困らない状態ということです。

この困らない状態をつくるために最も重要なのは続けていくことです。

続けていく中にも、もちろんこのチェックもセットで入ってきます。

当然ながら、すぐにうまくいく仕事など何１つとしてありません。

やり続ける中で改善し、どんどん精度を上げていくのです。その結果、いい仕事ができ、能力が身につき、いい社員が育ちます。人間は短期的に一度に一気に成長はなかなかできません。仕事でもそれは一緒なのです。

しかしチェックを続けていくと、あるところで突然気づきます。

ここをこう変えればよくなるのではないか？　などのような気づきが、実は大きな成長を生みます。

成長は気づくことで突然やってくるのです。そのためには、やり続ける必要があります。

たとえ、習慣化に取組んでいる途中で休んでしまっても。辞めなければいいのです。間が抜けたとしても全く問題ありません。休んだことはカウントせず、できたことだけカウントしてください。

習慣化は第二の天性

天性とは、天から授かった性質、才能のことだそうです。

もしも、自分で天性をつくることができたら、何でもできるような気になりませんか?

その1つが習慣化です。習慣化は努力している感じがありません。積み重ねの力が大きく、自分でも驚くほどの成果があがったりします。習慣化の力を自分のものにして、自分の能力を最大限伸ばしていきましょう。仕事でも成果の最大化ができます。習慣化を手に入れれば、天性が手に入ったようなものです。

努力は要らない

習慣化の力を利用すると、努力は必要ありません。努力している実感がないのです。

前述した、「歯磨き」を皆さんは努力していると感じますか、多くの人たちは努力して歯磨きをしているとは感じないはずです。

同じように業務の中に習慣化を取り入れると、努力している感はあまりないのですが、確実に業務の改善が進んでいきます。

習慣化の力を借りるのと借りないのとでは、エスカレーターに乗っているのと、逆向きのエスカレーターに乗っているのと同じくらい成果が変わってきます。

少ない力で大きな成果を手に入れることができますし、途中途中のチェックで様々な手を打てることにより、同時に業務が進んでいく、または早く手を打てるようになります。

つまり、習慣化をすることで、マイナス面は何１つとしてないのです。

重要な仕事を優先しよう

ＤＸ経営は、業務をシステム化していくことが基本です。

システム化は１日にしてなりません。

しかし、「急ぎではありませんが、重要な仕事」には間違いありません。

この急ぎではなく、重要な仕事をいかに業務の中に取り込むかが大切です。

理想としては、図表11の中の２番、第二象限と呼ばれる、「急ぎではないが重要な仕事」の割合を２割から３割にしてください。管理者であれば、４割が望ましいでしょう。

つまり、改善の仕事や将来のための仕組みづくり、長期的に様々な手を打っていく、会社の発展のために、長期的に重要なことに業務をある程度割り当てて、計画的に取り組む必要があります。

しかし、欠点もあります。すぐには成果が生まれにくいことです。

習慣化の力は、やり続けることで享受できます。

即効性が必要であれば、集中的に負荷をかけて課題に取り組む必要あります。

もしも、ＤＸ経営はじめの一歩として、短期間で成果を上げたいのであれば、集中的かつ短期的に課題や目標に取り組んでください。

【図表11　仕事における優先順位の例】

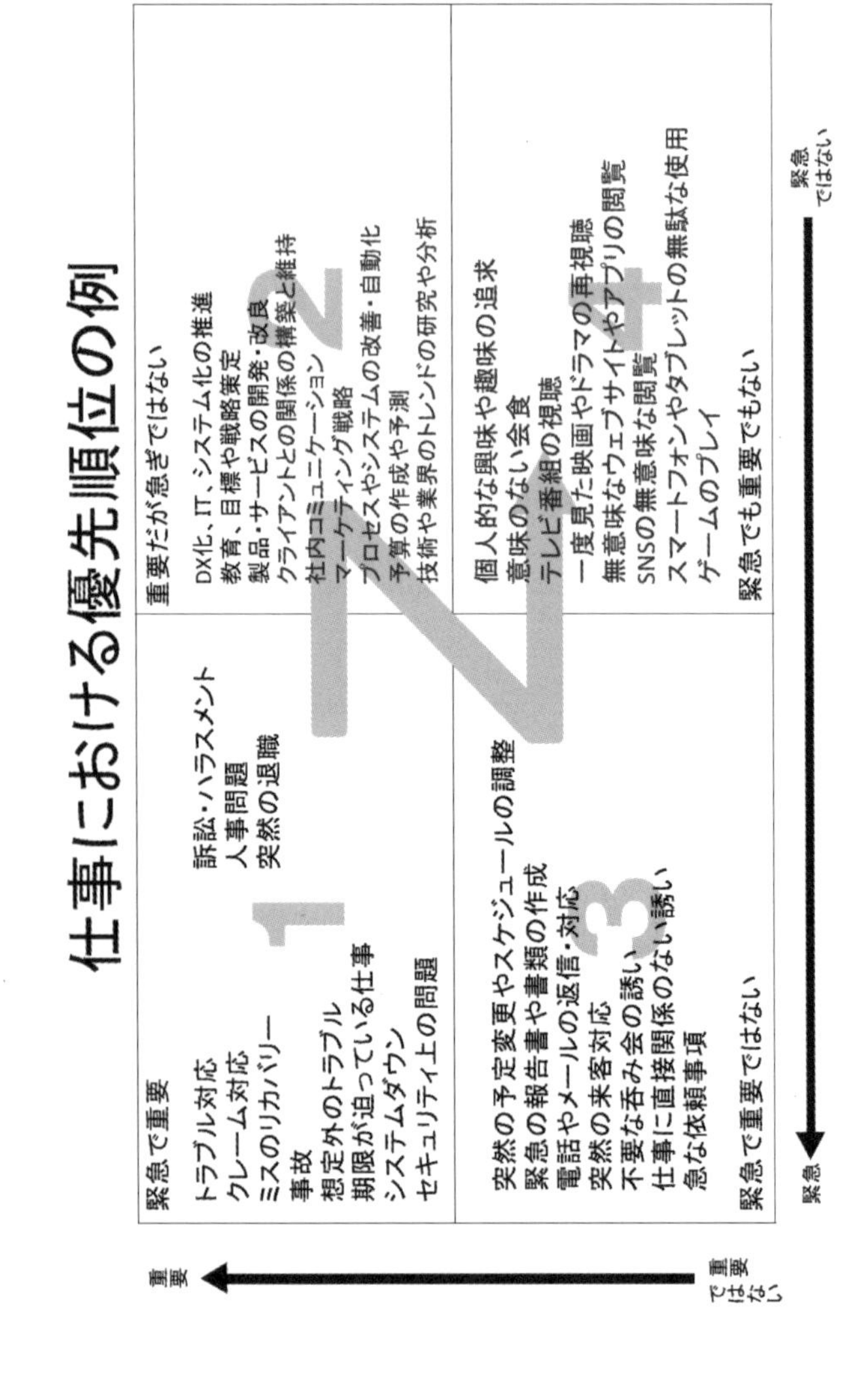

仕事における優先順位の例
1
緊急で重要
トラブル対応
クレーム対応
ミスのリカバリー
事故
想定外のトラブル
期限が迫っている仕事
システムダウン
セキュリティ上の問題
訴訟・ハラスメント
人事問題
突然の退職
2
重要だが急ぎではない
DX化、IT、システム化の推進
教育、目標や戦略策定
製品・サービスの開発・改良
クライアントとの関係の構築と維持
社内コミュニケーション
マーケティング戦略
プロセスやシステムの改善・自動化
予算の作成や予測
技術や業界のトレンドの研究や分析
3
緊急で重要ではない
突然の予定変更やスケジュールの調整
緊急の報告書や書類の作成
電話やメールの返信・対応
突然の来客対応
不要な呑み会の誘い
仕事に直接関係のない誘い
急な依頼事項
4
緊急でも重要でもない
個人的な興味や趣味の追求
意味のない会食
テレビ番組の視聴
一度見た映画やドラマの再視聴
無意味なウェブサイトやアプリの閲覧
SNSの無意味な閲覧
スマートフォンやタブレットの無駄な使用
ゲームのプレイ
重要
重要ではない
緊急
緊急ではない

そして、ある程度仕組みができて回るようになったら、必ずチェックの仕組みも入れてください。このチェックの仕組みが入れば、努力ではなく、自然な形で業務改善が進んでいきますし、ＤＸ経営がより加速していきます。

２　習慣化の威力を知ろう

ここでは、習慣化の威力について話を深めます。

日々の積み重ねの大きさ

日々の積み重ねというのがどれだけ大きな力になるのかをちょっと計算してみましょう。

１日５分の活動を続けたとします。単純に時間計算をします。

例えば、１日１回、１人５分の勉強会を開催します。

１か月を20日として計算すると、大体月１００分の勉強をしていることになります。

１年間だと、１２００分も勉強したことになります。これを60で割り時間換算すると20時間。

これが１人であれば大したことはありませんが、10人が毎日５分間したら、年間２００時間を勉強に費やしたことになります。

１人当たり20時間がどれくらいの価値かと考えてみましょう。

もしも研修を外部に委託した場合を想定しましょう。研修の相場を調べると、3時間で30万円くらいが多いようです。すると、1人あたり年間約180万円の研修と同じ効果が期待できます。

これは勉強に限っての話ですが、例えば1日5分の業務改善を実現できたりします。

業務改善は、一気に大きな改善は期待できません。

小さな改善をコツコツ積み重ねて続けていくことで、大きな成果に結びつけます。

そうすると1人当たり、年間20時間、1日を8時間として、約3日近くの時間が浮いたことになります。

この3日近くの時間は、大変大きなものです。一時的なものではありません。継続的な効果が期待できますから、殊更大きい。

このようにたった5分と侮ることなかれ。業務改善を1日5分間積み重ねていくことで非常に大きな成果となります。

習慣を味方につける

実はこの習慣化と、DX経営は密接に絡んでいると申し上げましたが、日々の積み重ねおよび、こういった小さな改善の積み重ねが、「蓄積する」という意味では、「習慣化」と、「システム化」することはよく似ています。習慣化もシステムの1つなのです。

ただ単に習慣化をやろうと思っても、うまくいくわけではありません。

しっかり仕組みをつくって、その中で、意味のあることを積み重ねていくことで、習慣化は定着し、成果が上がり、さらに成果が蓄積し、大きな成果に結びつきます。

習慣化のコツ

では、習慣化するためのコツを少々お伝えしていきたいと思います。

習慣化は、古川武士さんの著書がおすすめです。

古川武士さんの著書は、私も20年以上前から参考にさせていただいていました。

個人的には習慣化にかなりチャレンジしてきました。

最近、一緒に仕事をさせていただいたりもしています。

習慣化を続けるためには、できなかったことよりもできたことを数えていきます。

これは、入力を促進するために前の章で話をしたことと一緒です。

実は、できなかったことを数えても嫌になるだけです。できたことを数えるようにしていきます。

できたことを数える際ですが、なるべくハードルは小さくしましょう。

身近なことで考えよう

例えば、毎日マラソンをする目標を掲げます。

マラソンといっても、毎日10キロ、20キロ走るわけではありませんが、やはり続けることは非常に大変です。そこでゴールを小さく設定します。

例えば、朝起きたら、着替えて、シューズを履き、玄関に立つまでをゴールとします。

それぐらいだったらできそうではありませんか？

そして、玄関に立ってみると、どういう気持ちになりますか？　ちょっと外に出て歩いてみてもいいかなという気になります。

外に出て歩き出すと、ちょっと走ってみたくなります。

ちょっと走ると、せっかくなのでいつものコースを走りきりたくなります。

このように、ゴール設定を小さくすることで、大したことをしていなかったとしても、達成した自分に対してプラスの丸をつけることができます。

仮に玄関に立っただけで終わりでもいいのです。プラスの評価を自分にすることで継続できるようになります。継続することで、確実に運動量は増えます。できることではなく、続けることそのものを大切にするため、小さなゴール設定にしましょう。

できなかったことに焦点を当てるのではなく、できたことに焦点を当てて、自分に自信を持たせ、続けたくなることが習慣化のコツです。

できたことに焦点を当て、快感を得よう

それから、もしやらない日があったとしても、やらない日はカウントしません。

やった部分だけを数えましょう。やらなかった日を数えたってやめたくなるだけに違いありません。それよりもやった日を数えましょう。

これは１００点満点からマイナスされる癖がついているために、例えば、１か月のうち５日間しかできていなかったと考えるのか、もしくはゼロの状態から５日間もやったと考えるのかでは、習慣化できる確率が全く違います。

当然ながら、何もしていない状態、０から５日間やったわけだから褒められてしかるべきです。

褒めて伸ばす

同じ理屈で、できたことだけ数えて、自分自身も、スタッフも沢山褒めてあげましょう。

自分たちができている、前と比較して進んでいると実感が持てれば、行動はよりよくなるのが自然な形です。

そうすると、実行が楽しくなってきますし、続けたくなってきます。

続けることでさらに自信がつきます。

そしていつしか、新しくはじめたことが習慣となり、定着していくのです。

継続の目安

３日、３週間、３か月を継続の基準にすると、特に新しいことは定着しやすいようです。

3日続けると、3週間続く可能性が、高まります。

3週間続けると、数か月間は続く可能性が高くなります。

3か月続けると、一生続く可能性が高まるそうです。

1つの目安として利用してみてください。

3　小さな積み重ねで大きな変化を起こす

まずは、習慣化の力を使って、目標達成していきましょう。

例えば、ここでは残業ゼロにする例を挙げてみましょう。

残業をゼロにするためには、どのような業務にどれだけの時間を使っているかを明確にする必要があります。

調査する業務の種類は、事務処理、電話対応、清掃、各種手続、書類準備などにしておきましょう。

残業ゼロを実現するためには、効果的な業務は何かを見つける必要があります。

前記の5種類をもとに、毎日日報を提出し、時間を1か月間把握します。

そして、週1回、定期的なミーティングを設定します。

定期的なミーティングといっても、朝礼のついでに行う程度で結構です。

1か月間のデータがあるので、集計してみると、次のような結果になりました。

勤務時間：1日8時間×22日間＝合計勤務時間１７６時間
残業時間：1日2時間×22時間＝44時間　とします。
事務処理：90時間
電話対応：80時間
清　掃：5時間
各種手続：30時間
書類準備：15時間

このような仕事の内訳になりました。

今度は、この内訳を元に何が効果的で効果が弱いのかを考えます。

この場合、事務処理は他の方に頼みづらいので、電話対応をなんとかすることにしましょう。

電話対応の時間を改善できれば、全体の業務が大幅に効率化できると考えます。

なぜならば電話対応は、ほとんどが取り次ぎで、この方がやる必要性がないからです。

多くはお客様への対応で電話は重要だと考えがちですが、事務所の場合は、取り次ぎがほとんどで本当に事務所側が処理する電話対応が少ない場合がよくあります。

そこでこのデータをもとに、毎週1回ミーティングを開きます。

そのミーティングでは、どのように改善をするかを考えます。

そして毎週1回どのような手を打ったかを定期的に確認していきます。

もしも手を打っても改善されないようであれば、さらに別な手を考えます。

例えばこの場合は、電話対応を思い切って外部の秘書サービスに頼むことにしてみます。

しかし、実際には秘書サービスに頼んだとしても、お客様から不満の声が上がってきました。

そこで今度は、ミーティングの中で電話を直接担当者につないだらどうかという案が出ました。

お客様の電話を担当者に直接つなげば、担当者の負担が増えるかもしれませんが、今までも事務所が受けていた電話は、お客様が担当者に連絡が取れないため、担当者から折り返しの電話をもらうためだけに、事務所で取り次いでいる流れになっていました。

そこで今度は、担当者に直接取り次ぐように、お客様に担当者に電話を教えるようにしました。

するとどうでしょうか、今まで取り継ぎのために行っていた業務がすべてなくなり、業務も滞りなく回ることがわかりました。

これは定期的なミーティングを行うことで、自分自身の業務に向き合い、改善策を考え、改善策がうまくいかなければまたミーティングで話し合うことを迅速に行えたからです。

これをミーティングなし、つまりチェックの機能なしで行うとしたらどうでしょうか？

月に1回のミーティングにしたらどうでしょうか？

多分改善のスピードは大きく下がっていたと思います。

業務は、スピードが命です。

このようにミーティングを習慣化し、定期的に問題や取り組みに対してチェックを行うことで、

1人の力だけではなく参加者みんなの力で業務を改善し、成果につなげることが可能となります。

このように改善したい業務は無数にあると思います。

そこで、優先順位をつけて、効果的に改善を進めていきましょう。

優先順位を考えるのには、図表12のマトリクス図がおすすめです。

図表12のマトリックス図は、業務の優先順位によく使われます。

優先順位のマトリックスを説明します。

まず、第一象限ですが、ここは重要かつ急ぎの仕事です。

分類する場合には、ここの業務から先に手をつける形になります。

第1象限の仕事が多ければ多いほど、緊急事態が多発しているということです。

緊急事態が多発していると、落ち着いて仕事ができません。

そして自分の仕事もできません。

続いて、第2象限ですが、ここは重要かつ急ぎではない仕事です。

ここの仕事が、会社においては重要です。

なぜかというとここの仕事は、資金繰り、仕組みつくり、ルールつくり、業務改善など仕事の根本的なかつ、長期的に大切な業務となります。

第2象限の仕事を日々の仕事に組み込まないと、短期的にはうまくいきますが長期的視点ではうまくいきません。

【図表12　優先順位】

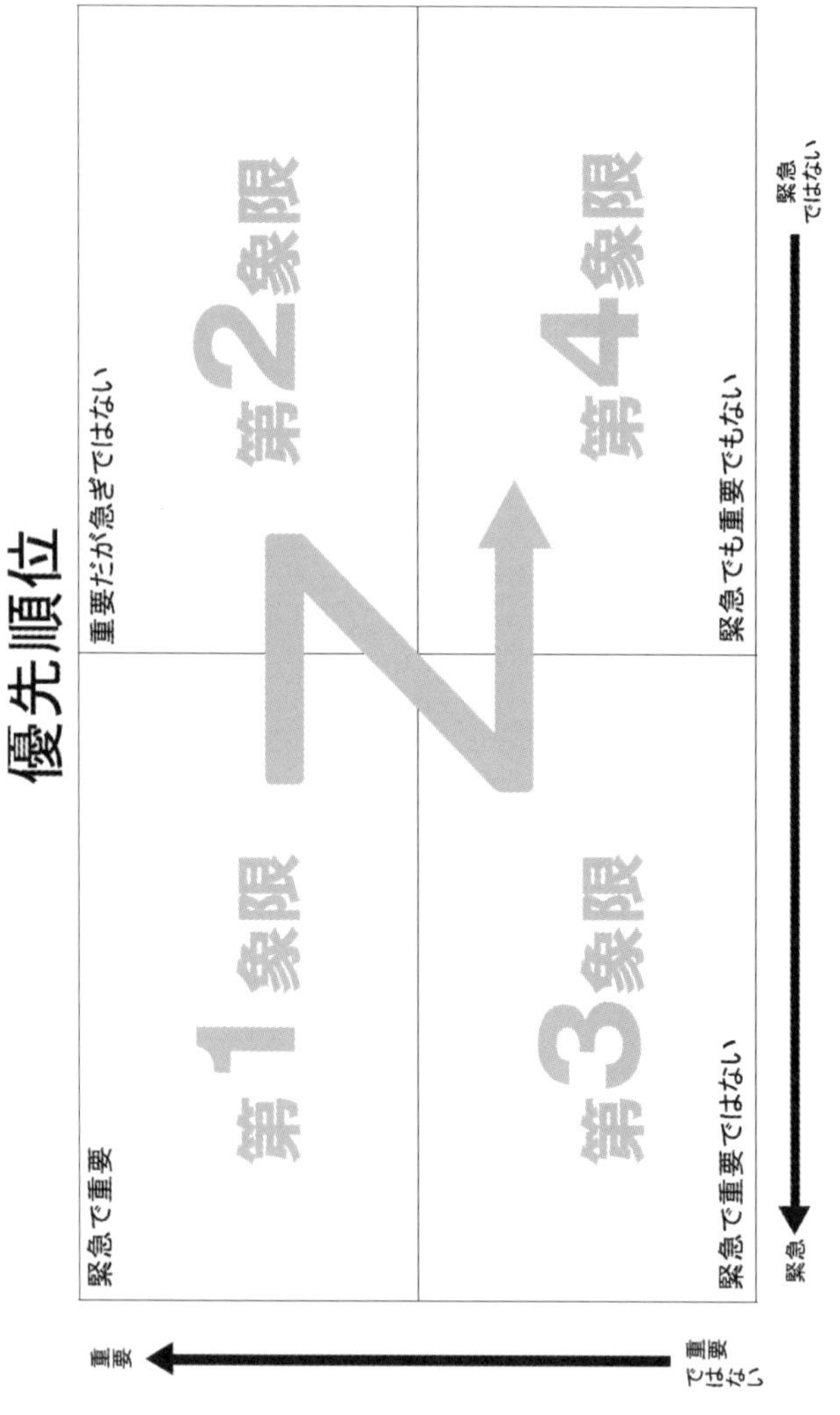
優先順位
緊急で重要
第1象限
重要だが急ぎではない
第2象限
緊急で重要ではない
第3象限
緊急でも重要でもない
第4象限
重要
重要ではない
緊急
緊急ではない

そして、第3象限ですが、ここも第1象限同様、急ぎの仕事となります。

ここの仕事の欠点は、重要ではないということです。

突然の顧客対応、電話対応こういった自分自身にとっては重要ではないけれどもお客様にとっては重要。つまり急ぎの仕事となります。

この急ぎという概念ですが、自分にとっての急ぎなのか、お客様にとっての急ぎなのかで全く変わります。

図表12を書く際には、最初は気にする必要ありません。

しかし、自分にとって急ぎなのかどうなのかをよく考えてください。

最後に、第4象限ですが、ここは重要でもないし急ぎでもないものです。

例えば遊びや楽しみなどもここに入ります。

業務の場合は、やってもやらなくてもいいものがここに入ります。

ここの業務は、やらずにいても構いません。時間があるならやる。もしくは誰かに振ってください。もしくは、辞めるのもありです。

では、このマトリクス図の使い方について説明していきます。

まずはこのマトリックス図をＵＲＬからダウンロードしてご利用ください。

ダウンロードＵＲＬ：https://www.dropbox.com/s/b5dqtglk7p88lc2/yusen_juni.pptx?dl=0
ダウンロードしてPowerPointでご利用いただいても構いません。印刷して使っていただくこと

【図表13　マトリックスQRコード】

も可能です。その場合は付箋をご利用ください。

ダウンロードをしたら、今携わっている業務をすべて書き出してください。

書き出したら、それを各象限に貼りつけてください。

そして、それをどこかに貼り出してください。そして常に意識してください。

急ぎの仕事をなくそう

その際のポイントは左側の仕事をなくすことです。つまり、急ぎの仕事をなくすということです。急ぎの仕事をなくすためには、第2象限、重要かつ急ぎではない仕事を増やしてください。

もしも時間がなく、なかなか第2象限の仕事ができない場合は、1日5分でも10分でもいいので第2象限に取り組む時間を取るようにしてください。

なぜならば、第2象限は仕事の改善となります。仕事の改善をすると、急ぎの業務がなくなっていくのです。

例えば、先程の電話業務をなくす改善です。

これは、電話業務をやる分には同じようにできます。まあ、電話業務は改善することで自分がやらなくてもよくなりますよね？

つまり、自分にしかできない仕事に集中していくことが大切です。

自分以外の誰かに仕事を渡せるのであれば、どんどん渡していってください。

しかし、組織の中では思い通りできないことのほうが多いと思います。ぜひ、権限を持っている上司を巻き込むか、経営者であれば関係者を集めて大胆に改革を進めていってください。

目的・目標に意識を持って業務をしよう

この優先順位ですが、目標と密接に関係しています。

どういうことかというと、そのまま業務を書き出して業務を各象限に貼り出すと、当然ながら今自分にとって何が大切かを中心に考えます。

しかし、目標設定を行い、目標のために何が大切かを前提として、図表12のマトリックス図を使うと全く違った結果になります。実はそこが大切なポイントです。何をするために何が大事なのか、です。ですから一旦目標など考えずに、業務を書き出し、このマトリックス図に付箋を貼ってみてください。

その後に、目標に対して重要なものの観点から付箋を貼り直してみてください。

その際、毎回写真を撮影しておいてください。どのように変化したのかが一目瞭然となります。普段の自分が、どれだけ目標や目的に対して業務を効果的かつ効率的にこなしていたのかがよくわかるようになります。

目標を決めて、それをもとに書き出した後と前とでの変化があまりない場合は、あなたはいつも目的目標に意識を持って業務をしているということです。

大切なことを大切にしてください。

たくさんの、「どうでもいいこと」を優先するのではなく、「あなたにとって大切なこと」を大切にしてください。目的目標に対しても同様です。

ただ単に、漫然と仕事をするのではなく、目的意識を持って仕事に取り組んでください。

これが生産性を上げるための基本となります。

ＤＸ経営は、ＩＴツールを導入して業務の見える化をするだけではありません。

業務を効率化するだけでもありません。ＤＸ経営とは、仕事に対する意識改革をＩＴツールを通じて行うということです。ですから、考え方をしっかりと学んでください。

各自が主体性を持って仕事に取り組む

そして、最終ゴールは各自が主体性を持って仕事に取り組むことです。

どんな人でも、得意なことはあるはずです。

その、得意なことに焦点を当て、成果を出し続けることによって、チームとしての役割分担の意味が明確になります。役割分担の意味とは、それぞれが助け合うことです。

もちろん、協力してやろうと皆さん思っているかもしれません。

しかし、現実的には何を協力すればいいかがわからないので、それぞれが協力しようにも、しあえない状況が中小企業の中で起きています。

それを、ＩＴツールを活用することによって、業務を見える化し、その人の得意不得意が見えてきて、役割分担も見えてきます。同時に、各人の実力も見えてきます。

そして、見える化の結果を競争に使うのではなく、助け合いに活用してください。

もちろん、ほどよく競争に活用することもいいかと思います。しかし本質は、チームワークを促進するために、助け合いをすることです。

ＤＸ経営は助け合いの経営でもあります。

4　業務の効率アップは小さな改善の積み重ね

改善とは

今度は、改善について学びを深めましょう。改善とはそもそも何でしょうか?

改善とは、悪いところや劣ったところを改めてよりよくしていくことです。

改善の基本は、前述した通りＰＤＣＡとなります。

改善は、このＰＤＣＡを前提として進めていきます。

改善を、仕組みに落とし込み、習慣化し、小さなことの積み重ねで業務改善をやり続けます。

業務改善をやり続けることによって、1日1分もしくは5分でも業務の効率化ができたとしたらそれを積み重ねて大きな成果につなげます。

改善は、途中でやめてしまったのでは意味がありません。

よりよくすることに終わりはありません。

ですから、改善活動といって製造業では定期的に改善をする時間を設けて、そこに集中し、継続的に改善を行っています。改善は頑張ってするものではありません。

改善は、習慣化し、当たり前のように常に実施していくことが求められます。

前述した通り、優先順位を考えながら日々の業務中に改善を織り込んでください。

忙しいから改善できないではなく、改善を習慣化し、やり続けるように努力してください。

忙しくなればなるほど、改善が重要となります。

忙しい状況をつくらないように改善し、会社の将来、仕事がよりよくなるための工夫に時間を使うのです。

改善は急ぎではないが重要な仕事の1つです。どうしても、急ぎの仕事を優先しがちですが、重要な仕事を優先するように意識してください。そうすれば急ぎの仕事は減っていきます。

無理をなくすための無理は許される

ここでちょっと、無理について話を深めていきましょう。

無理とは、理屈がないことと書きます。無理して業務をしたとしても、どこかで必ずしわ寄せがきます。

無理を続けることは難しいです。無理無駄ムラをなくすことです。

改善において大切なことは、無理無駄ムラをなくすことです。

この無理無駄ムラは業務においては、非常に危険です。

これらは、見える化をすることである程度気づき、改善することができます。

ムラの改善は、業務の平準化ともいいます。平準化とは、業務が誰でもできるように、ムラがないようにすることです。

しかし、無理がいい場合もあります。それは無理をなくすための無理です。

つまり、一時的な無理なのです。

この無理をなくすための無理はどうしても必要です。

会社が成長していくと、業務量が増え、責任も増大し、処理しきれなくなります。

その場合、改善をしようとするとどうしても無理が出ます。

しかし、この場合の無理は業務を改善し、無理をなくしていくことが目的です。

こういう場合の無理は致し方ありません。

それも永遠に続くものではありません。

無理をなくすための無理なので、一時的なものに過ぎません。

ですから、無理も2種類あるわけです。

続かない無理はよくない。

無理をなくすための無理はＯＫ。

このように覚えてください。

改善を進めていくと、たくさんの問題点に気づくことがあります。

この問題点に焦点を当てるよりも、どのようにすればよくなるかに焦点を当ててください。

なぜならば、現状は現状でそのまま受け入れる必要があります。

そのまま受け入れるとは、ダメなところや、うまくいってないところ、問題点をそのまま認めるということです。そこに対して、変な言い訳などをしたくなりますが、仕事は「できるか」「できないか」ではありません。「やるか」「やらないか」です。

つまり主体性を持って、仕事をしていくことです。

結果としてやれなかった、できませんでしたでは通用しません。

もちろん中にはできませんでしたということもあると思います。

それはそれでしっかりと反省することです。

ですから、現状を現状のまましっかり受け入れることです。

過去は反省して、未来に焦点を当てましょう。コントロールできるのは未来だけです。

保留・棚上げ・一時停止も問題解決の選択肢

自分たちが、改善が必要な部分を見て見ぬふりをするのが一番ダメです。

これは、問題点を棚上げにするということです。

しかし棚上げも決して悪いことだけではありません。棚上げしておくほうがいい場合もあります。

この辺は矛盾しているように聞こえるかもしれませんが、臨機応変に物事を考えていくことが大切です。

物事の選択肢には、いいか悪いか、進めるか中止するかだけではありません。

保留や、棚上げ、一時停止、現状維持なども入ります。

問題点が一度に出てきた場合は、問題点に優先順位をつけます。

一度に複数の問題に対処はできないため、重要度の高いものから優先的に対処する方法です。

優先順位をつけると、一旦解決せずともいい問題、簡単に解決できない問題、解決不要でお客様の主観の問題などがあります。

これらを分けて考えることで、すべてを解決しなくてもいいこともあります。保留、放置も立派な問題解決の選択肢です。

問題解決の５つの方法

問題の解決方法は、岡田斗司夫さんのメソッドを参考になさってみてください。

(1)解決する（通常の解決方法）
(2)逃げる（解決できない問題は逃げるが勝ちです）
(3)保存する（どうしようもない問題もあります。記録して様子見です）
(4)忘れる（解決せずに放置。問題と捉えず忘れることです）
(5)共有する（誰かに共有し、心を整理する方法です）

状況に応じて、どうしても今やらなければいけないものを明確にし、または今やったほうがいいものを明確にし、限られた時間の中で最大限成果が上がるようによく考えて改善を行ってください。

5　導入の壁4タイプを知って、ＩＴ化を進めよう

ＩＴ導入の４つの壁

ここでは、ＩＴツール導入における4つの壁を説明します。

ＩＴツールを導入していくと、どうしても現場からの反発が起きます。

この現場からの反発を、何とかクリアしなければＩＴ導入は成功しません。

ＤＸ経営はじめの一歩としては、最初につまずく一歩でもあります。

この4タイプを知ることによって、導入する場合の反発や、理解を得られないことに対して対処できます。

ＩＴツールの導入が失敗しないように慎重に進めます。

なぜ失敗しないように慎重に進めるかというと、ＩＴに対しては、一度導入を失敗すると「ほれみたことか」という風潮が現場から起きます。

これが結構厄介でして、もう一度ＩＴツールを導入しようと思っても、さらにつよい反発を生む可能性が高くなります。

ですから、なるべく失敗をしないように、慎重に進めていきます。

そして、なるべく現場の協力を得て、たくさんの人たちを巻き込んで進めていくようにしましょう。

つまり、スタッフみんなが、自分事にしていくのです。自分事にしない限りは、ＩＴツールの導入は成功しません。

あくまで、ＩＴツールを使うのは現場です。

現場のスタッフが、ＩＴツールに対して、導入反対の意見を持っていれば当然ながらＩＴツール導入はうまくいきません。

そのためのはじめの一歩が、この４タイプへの対応なのです。

次の図表14をご覧ください。

この導入の壁４パターンと要因について解説していきます。

導入の壁４パターンは、次の４つです。

【図表14　ITツール導入難航パターンと要因】

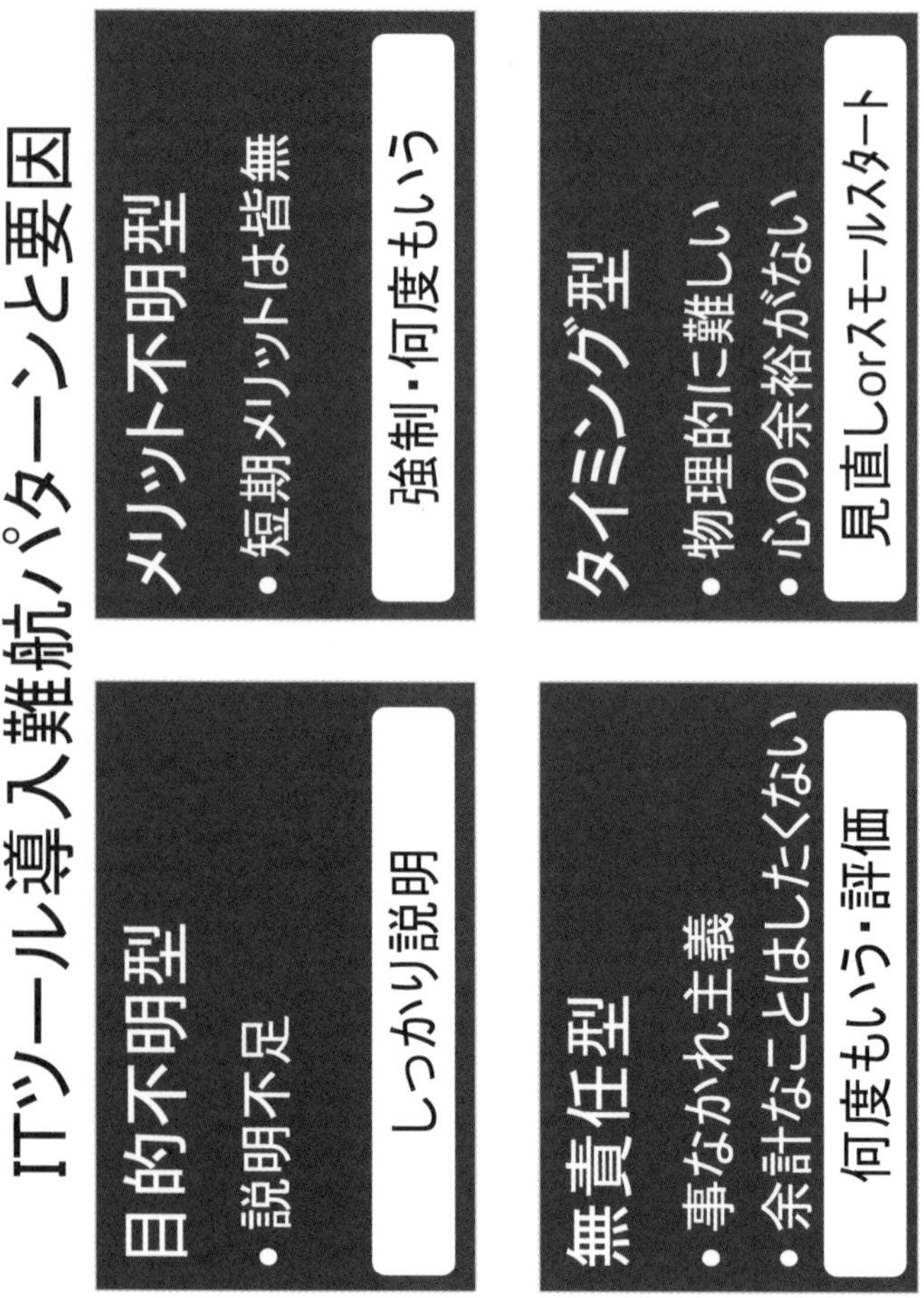
ITツール導入難航パターンと要因
目的不明型
・説明不足
しっかり説明
メリット不明型
・短期メリットは皆無
強制・何度もいう
無責任型
・事なかれ主義
・余計なことはしたくない
何度もいう・評価
タイミング型
・物理的に難しい
・心の余裕がない
見直しorスモールスタート

①目的不明型
②メリット不明型
③無責任型
④タイミング型

それぞれ解説していきます。

目的不明型

①の目的不明型ですが、これは目的がわからないと協力できないというタイプです。
ほとんどの場合は説明不足です。

しっかり説明することで納得し、協力を得ることができます。

メリット不明型

次に、②メリット不明型です。

メリット不明型は、いうなれば正論です。現場のスタッフにおいて、ＩＴツールを導入するメリットは短期的にはほとんどありません。

もちろん長期的には大きなメリットがあります。しかし、それは業務改善が進んだ結果として、残業が減るや給与がアップするなどあくまで長期的目線のことです。

ですから、導入当初はここをごまかすことは絶対にしないで、正直にメリットはありません。そして入力が大変だと思います。

しかし、「必要なので協力よろしくお願いします」というふうに、ほぼ強制的に、あまり高圧的にならないようにお願いする形をとって何度もいいながら、協力を要請してください。

ここでいい加減なことをいって丸め込んでもすぐバレます（笑）。ですから、最初から正直にいって正面突破でいきましょう。

無責任型

そして、③無責任型です。

この無責任型は、「事なかれ主義」で、「日和見的」です。

余計なことはしたくない、なるべく楽をして物事を進めていきたいと思うタイプです。

このタイプへの対応の仕方は、メリット不明型と同様に何度もお願いしてください。

それでもうまく動かない場合は、評価をしっかりしてあげます。つまり、このタイプはもっと構って！　の「かまってちゃん」です。褒められれば悪い気はしないので、じゃあやるかという気になります。

つまり、その気にさせるのです。できれば、イベントなどで、表彰してあげれば最高です。ちゃんと向き合って、見てあげてください。自己重要感が低い方はこの傾向があります。

タイミング型

最後に、④タイミング型です。

タイミング型は、物理的に忙しすぎて難しい、心のゆとりがなくて、とてもじゃないが取り組めない場合です。ここに対して、無理矢理進めることは非常にリスクが大きいです。

ＩＴツール導入のタイミングを見直すか、非常に簡単な、負担が少ない状況からスタートすることです。つまりスモールスタートです。

このタイプは、無理矢理入れると、負担が増えすぎて、限界を迎え、会社を辞める可能性もあります。

現場スタッフの心理を尊重して行動してもらう

ＩＴツールの導入は、現場スタッフにとってデメリットが多いのです。

入力が面倒とか、余計な仕事が増える、つまり評価につながらない、意味不明。

このように現場での理解を得ることは非常に難しいです。

ではこのような現場の反応は悪いことでしょうか？

考えてみてください、もしも、あなたが現場のスタッフだとしましょう。

評価もされない、負担が増える、今の業務も手一杯なのに、その上もっとこれをやれといわれる。

いかがでしょうか？　何かいいことがありますか？　ぶっちゃけ、ありませんよね？

ですから、現場スタッフの心理を尊重する必要があります。

尊重するといっても、現場スタッフのいいなりになることではありません。

「そうだよね、その通りだよね、でもどうしても必要だからやってほしい」

このようにどのような手段を使ってもいいので、なりふり構わずにお願いしてください。

とにかく大切なのは、行動してもらうことなのです。

情報収集、集約がうまくいかなければ、すべてのITツールはうまく活用できません。

この4タイプに対して上手に対応することが、DX経営はじめの一歩なのです。

こういった反応は、当然のこと当たり前の反応として管理者もしくは経営者サイドが受け止めるべきです。

こういった感情を無視して、やるべきだ、と押しつけで進んでいくと非常に危険です。

昔のような大量生産をし、企業が成長し続けるバブル期の終身雇用時代にはそれでもうまくいきました。なぜかというと、滅私奉公すれば必ず報われる前提があったからです。

何をいってもやらないタイプの対応

そして実は、5つ目のタイプがあります（笑）。

あえてここには載せてないのですが、それには理由があります。

何をいってもやらないタイプです。

このタイプは2つに分かれます。

1つ目は、どうしてもＩＴが苦手で使えない方です。

それから、何をいっても反発する人がいます。

どうしてもＩＴが苦手で使えない方は、誰かが代行で入力してあげる必要があります。

こういう方は、仕事のノウハウを持っており高齢の場合が多いです。

こういった方には無理に依頼しても逆に負担が増えるだけで、メリットがないもしくは恐ろしく時間がかかってしまいます。

キーボードが使えない場合もあるようで、本当に本人にとってはストレスにしかならないこともあり得ます。

その場合は誰かが入力を代わってあげればいいだけなのです。本人には紙など今まで通りの方法で提出してもらいます。

そして厄介なのが、何をいっても反発する方です。

この方は、そもそもＩＴツールの導入に反発しているのではありません。

会社そのものに、不満を持っている場合があります。

こういう方は、最終的には辞めていくことが多いです。

つまり、ＩＴツール導入を辞める口実にして、会社を去っていくのです。この場合は、諦めてください。

やらないことを理解する

現場スタッフに仕事を指示しても、やるといいつつやらないことがあります。仕事の基本は指示命令なので、仕事をしていないとみなしがちなのですが、よく考えてみてください。仕事以前に人間です。おもしろくないこと、やりたくないこと、嫌いなことはあります。仕事だから○○すべきという考え方に固執しすぎると、うまくいくこともうまくいきません。DX経営では、社員同士の協力を得ることが大切です。苦手なことに焦点を当てるのではなく、苦手なことを認めて、得意な人に協力してもらうことが大切。管理者、経営者側としてはやりたくないという理由は子どもじみていると感じるかもしれませんが、そこを認めてあげてください。ごく当たり前のことなのです。

DX経営で状況が見えるようになってくると、苦手な人に物事を頼んでも望んだ成果が出づらいことがわかります。それなら、苦手なことや嫌いなことを明確にして、誰かの力を借りたほうが圧倒的に効率がよいのです。DX経営では収益アップだけではなく、社員みんなが無理しない働き方を実現できるようになります。そのためには、個人の特性、一見わがままに見えるようなことでも受入れて、ムリのない形で解決することが望ましいのです。大切なことは、苦手の克服でもなく、指示通りやるべきことをやることでもなく、組織として協力して成果をあげることです。

社員同士で協力し合った場合の相乗効果の力は大変大きいのです。スピードアップ、士気の向上、やりがい、結束力、様々な効果が期待できます。

DX経営に取組む喜びの1つでもあります。

第4章　共有で企業文化を変える

この章では、共有に焦点を当てて話を進めていきます。

1　DX経営は共有なくして実現はできない

共有の効果

DX経営は共有なくして実現できません。

DX経営は、情報の共有あってはじめてなし得るのです。

DX経営における情報の共有は、今まで私たちが経験してきたものとは次元が違います。

最終的には、会社のどこで何が起きているのかをリアルタイムで把握するのです。

リアルタイムで把握することによって、それぞれがどのように、自分の仕事がどこに影響しているのか、すべての仕事がつながっていることに自覚を持てます。

自覚を持つことによって、仕事におけるそれぞれの姿勢が全く変わります。

この仕事の姿勢が変わることそのものが、共有の最たる効果なのです。

どんなに口でいっても、これが大切だといっても、実感がなければ決して本人は変わることはありません。

情報共有によって自分自身で様々なことに気づき実感し、自分事として受け取ります。やる気のスイッチは、本人の心の内側にあるのです。

他人が無理矢理やる気のスイッチを押そうと思えば思うほど、その本人は拒否します。

もちろん仕事ですから、表面的には「はい、わかりました」と従うでしょう。

しかし本心では自分だったらこういう風にしたらいいのに、もっとこうしたらうまくいくのにと、独自の考え方を持っています。

内発的な動機を大切にしよう

その独自の考え方を引き出して、業務改善に生かすことが実は大切です。

が、多くの場合、提案をしたとしても、管理者、もしくは上司から潰されてしまうために、そういったアイデアは表に出しません。

否定されると傷つきます。はじめは提案の気持ちがあったとしても、何度か否定されてしまうと、余計なことは考えないようにして、仕事に打ち込んでいます。

それでは、仕事に対してのやりがいは持てません。

仕事に対してのやりがいは、内発的な動機が大切です。

内発的な動機とは、内側から湧いてくる動機、やる気、ワクワク、楽しいなどです。

現在、世界中で伸びている会社は、この内発的な動機をうまく引き出しています。

仕事に対して、やる気やワクワクしてもらうことで、その人の潜在能力を最大限に引き出していきます。

2　共有の重要性と3ポイント

情報共有で自分の立ち位置がわかる

情報共有は何のため？　申し上げた通り、情報共有は自分の行動を映す鏡となります。

鏡を手に入れれば、問題点に気づき、自分の意思で解決に向かいます。

たとえ話をしてみます。

あなたの顔に泥がついていたとします。

しかし、その泥にどうやれば気づけるでしょうか？

その泥は、自分で気づかない限りは拭き取りません。

そこで、鏡があったとします。鏡に自分の顔が映った瞬間に泥に気がつきます。

すると、どうでしょうか、即座に手で泥を拭う、もしくはハンカチなどで泥を拭き取ると思います。

つまり、仕事においても鏡があれば、いつでも自分の仕事をよりよい状態に保つことができるのです。

これが実は情報共有です。

情報共有をすることで、自分の立ち位置がわかります。

１００人中１００人が頑張っているのです。それも自分なりに。

しかしそれでは主観的すぎて、組織の中でより成果を出すためには、あまり意味がありません。

もちろん努力自体に意味がないという訳ではありませんが、成果を上げることが大切です。

そこで様々な情報共有することで、成果が上がっている人の仕事のやり方を知ってもらいます。

それは、結果だけを共有したのでは決して気づくことができません。

仕事の状況を共有し続けることによって気づきが生まれる

常に、仕事の状況を共有し続けることによって、はじめて気づくことがあります。

例えば、私は携帯電話のショップを共同経営していた過去があります。

その際、お店によって全く業績が違っていたのです。

しかし、業績が上位のお店のスタッフを、業績が低迷しているお店に連れて行くと、そこでも同じように業績を上げるのです。

これはどういうことかというと、そもそも仕事の仕方もさることながら、意識も、すべてにおいて違うということです。

しかし、結果だけを共有しても全く理解してもらえません。常日頃から、やり方を共有する必要があります。

例えば、業績上位のお店は今月の目標を月の半ばで達成すると、さらに上の目標を設定します。

しかし業績が低迷しているお店は、目標達成すると安心して、皆ゆっくりダラダラと仕事をします。こういったことが、普段の業務の中では見えないのです。

が、業績上位のお店のやり方を常に共有することによって、違いが明確になります。違いが明確になると、自分たちの立ち位置が明確になります。

立ち位置が明確になると、これはやばいとやる気のスイッチが入ります。

そこで、やり方を変えていくのです。

ここで、業績が低迷しているお店のスタッフが、諦めていた場合にどうするかです。

この場合、そのスタッフにはそもそも成功体験が足りません。

しかし、何かをきっかけに業績が上がる、もしくは上位に食い込むことがあります。

すると、それをきっかけに、成績を維持したいという欲求が生まれ、より努力をするようなこともあります。

必ずしもそのような結果になるわけではありませんが、情報共有によって、それぞれに意識が変わり、立ち位置が明確になり、努力のレベルがわかります。

努力のレベルがわかると、成果を上げるためにさらに努力を必要とするのか、どうなのかが明確になります。まずはそこが大切です。

ですから、情報共有する場合はあえて比較するようにしてください。

比較することで、やる気が生まれます。

比較しないと、業績低迷店では問題意識を持ちません。比較で得られることは沢山あります。

情報共有で大切なポイント

情報共有において大切なポイントは、次の3つです。

①即時共有
②具体的かつ定量的に共有
③継続的に共有

即時共有

情報共有において、①の即時共有は大切です。古い情報を共有したとしても、過去のこととして見た人には処理され流されます。ですから、成功事例、失敗事例もなるべく早く共有してください。

共有を即時に行うことで、説得力が増すだけではなく、自分事としてそれぞれが考えることができます。喉元過ぎれば熱さ忘れるということわざがある通り、時間が経ってから問題を共有したとしてもあまり意味がありません。

もちろん成功事例や、お客様からのお礼など、嬉しいことも同じように即時共有してください。

ITツール、クラウドサービスを使えば、そういったことは簡単にできます。

具体的かつ定量的に共有

続いて②の具体的かつ定量的に共有について説明します。

これは、共有する場合に具体的でないと誰も何もわかりません。

なんとなくしかわからないのでは意味がありません。

何がよかったのか、どのような結果だったのか、何をしてそのような結果につながったのか、そのような具体的な情報共有をしてください。

できれば測れる形がいいです。

もちろん測れることばかりではないと思います。

その場合は具体的に共有するだけでも構いません。

とにかく、第三者が理解できるように、そして再現できるようになるべく具体的に共有してください。

継続的に共有

最後に、③の継続的に共有です。

習慣化でも申し上げましたが、業務改善は継続的に取り組むことが大きな成果に結びつきます。

業績がいいお店のやり方、考え方などは、一時的な情報共有だけでは伝わりません。

あくまで、継続的に情報共有することで周りへのよい影響が広がっていきます。

これは、「朱に交われば赤くなる」です。

常にいい情報に触れることによって、いい影響が広がっていきます。

なるべく、悪い情報やマイナスの情報を排除し、よい情報で満たしてください。

もちろんそれは、悪いことを隠すという意味ではありません。

もし問題が発生したら、それに対しての対処の仕方や対応のスピードなど具体的に共有してください。

仕事においては、何をするかも重要ですが、仕事に対する姿勢が最も大きな影響を与えます。

仕事に対する姿勢は、継続的な情報共有でしか伝わっていきません。

お互い情報共有することで、自分たちの活動を「見せる」ことも大事ですが、同時に「見られている」ことを意識させる必要があります。

見られていることは、総合的な監視をすることでもあります。

しかし、「監視」というと、ちょっと怖いイメージがありますが、社内の業務やサービスの品質の維持においては重要です。

常日頃、人の目があるからこそ節度を持って行動するのであって、人の目がなければ、あっという間に崩れることでしょう。

ですから、情報共有は、「見せる効果」だけではありません。

「見られる」ことでも効果があるのです。

見られることは相互管理にもなります。仕事をしていると、上司の評価も大切ですが、一緒に仕事をしている仲間の評価も大切です。見えること＝見られていることで、相互管理につながります。

情報共有は危険だ！

しかし、あるとき、ある経営者からこのような意見をいただきました。

「情報共有は危険だと思う」

「なぜならば、下手に給与などの情報を共有したとしても、誤解が生じて、問題が起きるだけだと思う。社長の役員報酬をそのまま共有しても、社長だけがこんなにもらっている、ずるいなどといった誤解が生じるだけで何もいいことがないと思う」

このようにいわれました。これはもっともだと思いました。

そもそも、情報共有をしていい情報とは、理解できる情報です。

理解できない情報を共有したとしても、そこには解説がなければ意味がありません。

ですから、何でもかんでも情報共有すればいいというわけではありません。

考えながら、それぞれの理解度を鑑みて、計画的に情報共有を行ってください。

理解できない情報は誤解を生みます。

すべての人が、会社がよりよくなるために、共有した情報を活用できるわけではありません。感覚の違い、価値観の違いなども考慮して解説をつける、情報共有と一緒に教育へも取り組むなど、状況に応じて工夫しながら取り組んでください。

ＤＸ経営においては、当然ながら情報共有のリスクも考えながら進めて行くことが大切です。リスクに目を向けることで、リスクを回避することも可能です。本質を見極めて進めてください。

3　やる気のスイッチは頭の中にある

やる気スイッチを入れることはできない

やる気について説明をしていきます。

やる気のスイッチはそもそも頭の内側にあります。

他人が押そうと思ったら、押される側は強い反発を感じます。価値観の押しつけや、矯正と捉えられてしまうのです。

ですから、やる気のスイッチは自分自身で押すしかありません。

では、管理者側はスタッフのやる気のスイッチをどのように入れればいいのでしょうか？　結論としては、やる気のスイッチを入れることはできません。

過去と他人は変えられない、のです。

しかし、子育てと一緒で、たくさんのチャンスと知識を与えることは可能です。

たくさんのチャンスとは、気づきのチャンスです。そのためには、相手をよく知ることが大切です。よく知ることは、どのようなことが好きなのか、嫌いなのか、生い立ち、経歴、性格、様々な個人情報です。

そして、その人が苦手とすることを否定するのではなく、認めてあげてください。

減点方式ではなく加点方式で物事を見てください。

スタッフにはできたことを教えよう

スタッフと接するときは、「できなかったこと」ではなく、「できたこと」を数えましょう。できなかったことをどうやって改善してもらうかは、その人が目標に対してやる気があるかないかがポイントです。

もし目標に対してやる気がない場合は、目標の見直しをしてください。

目標の見直しとは、目標を別のものに変える、もしくは目標値を下げることです。

目標値を下げても大丈夫です。ただ下げるだけではなく、下げた目標を達成したら、次は少しハードルを上げて、また達成したら、更にハードルを上げていくのです。

それも短期的な目線で構いません。できたという自信が、次の行動につながります。

目標達成をした人間は、目標達成をしたくなります。

目標達成を何度も経験している人は、自分自身が目標達成のできる人間だという自信が身につきます。これが大切です。

自信がついた人は、努力を惜しみません。つまり、目標達成するまで努力するように変わっていきます。

できなかったことに注目しても、成果につながりません。できたことに注目してください。

どうしてもできないことは諦める

しかしここで大切なのは、「諦め」です。

チャレンジしても、どうしてもできないことは早めに諦めるということです。

うまくいかないこと、できないことにこだわってチャレンジを続けることは一見すると素晴らしいことに見えますが、こだわりすぎは危険です。

ですから、無理があるなと思ったら早々に諦めて、第三者の力を借りましょう。

ここで危険なのは、諦めに伴う快感です。この快感は、癖になります。

一度この快感を知ってしまうと諦める癖がつきやすくなってしまいます。

ですから、いかに諦めさせずに目標を達成させるかがポイントです。

やる気のスイッチを本人が押すためには自信をつけさせることが大切

そうはいっても、簡単には進みません。

やる気のスイッチを本人が押すためには、自信をつけさせることが大事です。

いいところに焦点を当て、できたことを褒めて、本人を調子に乗せましょう。

「あいつは調子に乗っているから、鼻っぱしをへし折ってやろう」などと調子に乗ることを悪く思う人たちが多いようですが、私はそうは思いません。

どんどん調子に乗って、どんどん目標達成をすればいいんです。

調子に乗ることは、その人自身がノリに乗っている状態です。

それによって本人の能力や、成果が伸びるのであれば喜ばしいことではありませんか？

各人の得意なところをどう伸ばす

このように、各人の能力をしっかり伸ばしてあげましょう。

苦手なところは、他の誰かの力を借りてカバーしてあげましょう。

苦手なところを伸ばすよりも、得意なところを伸ばしたほうが何十倍も効果的です。

苦手なところは頑張っても0もしくは標準的なことにしかなりません。

0だったり、標準的だったりすることは悪いことではありませんが、いいことでもないと思います。みんな違ってみんないいのですし、標準以上に各メンバーの能力が伸びたら、そっちのほうが楽しく、やりがいを持って仕事ができると思いませんか？

私自身がそうです。

せっかく、会社という組織、チームで仕事をしているわけですから、お互い助け合って仕事をしていきましょう。

そしてやる気のスイッチを自分で入れられるような状況をつくって、楽しく、やりがいを持って仕事に取り組みましょう。

成果を出すことが大切で、苦手なことの克服が大切なのではありません。本質を忘れずに。

4　わかりやすさの大切さ

続いて、わかりやすさについて解説していきます。

ＤＸ経営の実現で大切なのは、わかりやすさ。わかりやすくなければ、せっかく情報共有してもうまく伝わりません。

では、「わかりやすい」「わかりやすさ」とは何でしょうか？

ズバリ！　わかりやすいとは「単純で明確」だということです。

複雑な問題、わかりにくいことでも分けて考えればわかりやすくなります。

人は同時にたくさんのことを考えられません。そこで物事を小さく分けて、１つひとつ考えていきます。

これは、前の章でも申し上げましたが、どんな複雑な難しい物事でも、分解すれば簡単な物事の集まりです。ですから、もしも問題が複雑なのであれば、それを1つひとつに分解していきましょう。分解する方法は、紙に書き出すことです。

もちろん、ＩＴツールを使って書き出すことでも構いません。

複雑なこと、難しいことでも簡単なことの集まりだと頭の中で変換してください。

そして、複雑で高度な業務があるとします。もちろん熟練が必要な業務もあると思います。

しかし、いきなり業務を誰にでもできる、わかりやすいものに分解することはできません。そこをあまり狙わないでください。

ではどのように考えればいいのでしょうか？　まずは業務をステップごとに分けていきます。

目の前のコップを持ち上げる動作の分解の例

目の前のコップを持ち上げるという動作を例に説明します。

この動作を分解していくと、どのようになるでしょう？

図表15のように、コップを持ち上げるという、行動は単純に見えるかもしれませんが、実は複雑。複雑とは、簡単な動作の集まりや連続です。

ということは、複雑な業務でもたくさんの簡単なことの集まりです。

コップを持ち上げることは私たちにとっては単純ですが、分解した動作はもっと単純だと思いませんか？

業務は、「知っている」「できている」人からすると複雑な業務でも無意識でできる、身体が覚えているので簡単に感じます。

しかし、初心者からするとどのような業務でも難しい業務のように錯覚します。

ですから、業務を分解してステップ毎に簡単シンプルにするのです。すると、伝わりやすくなります。ぜひ複雑な業務は分解し、わかりやすくしてみてください。

【図表15　コップを持ち上げる動作の分解】

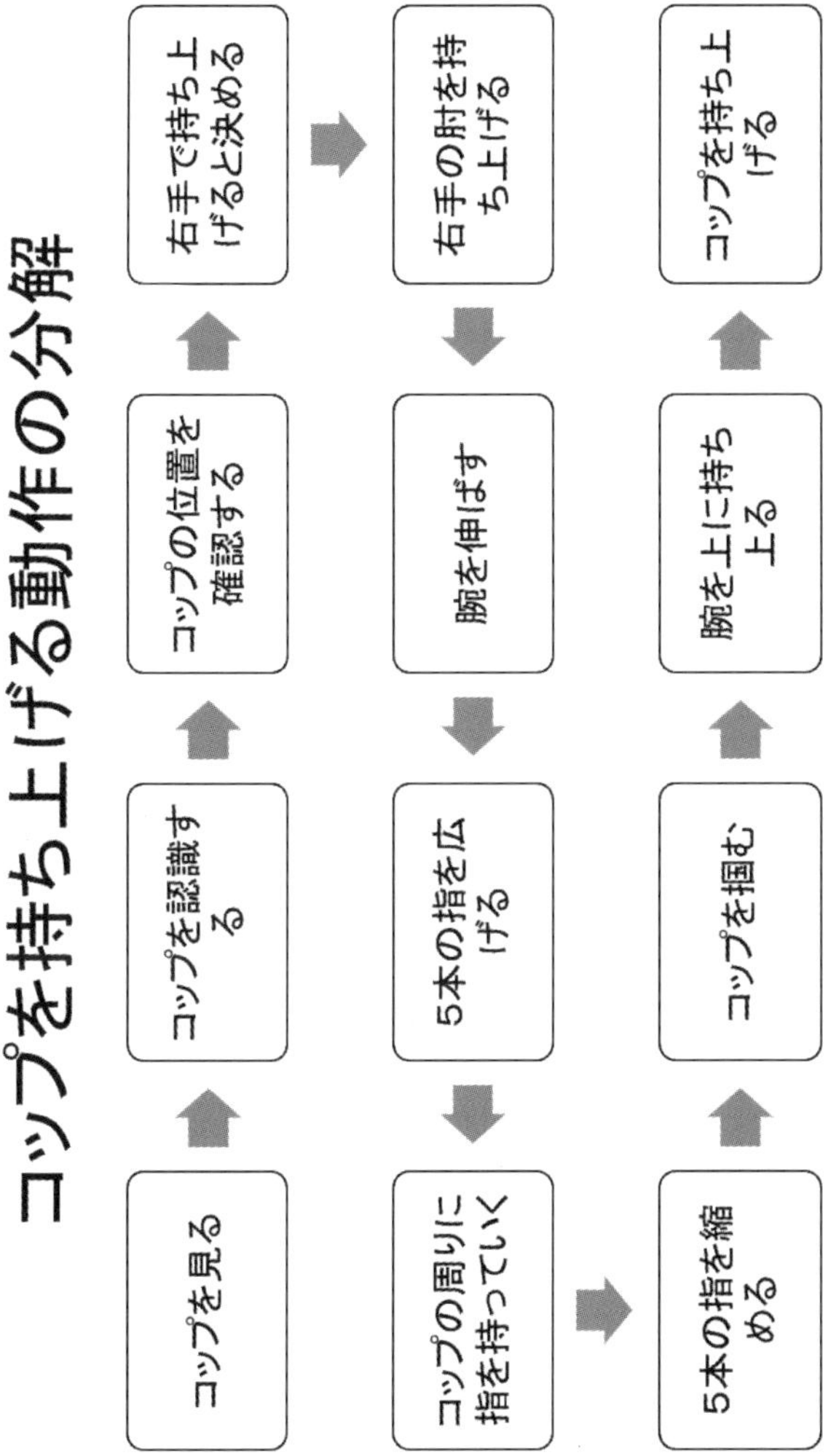

【図表16　SmartArtの画面】

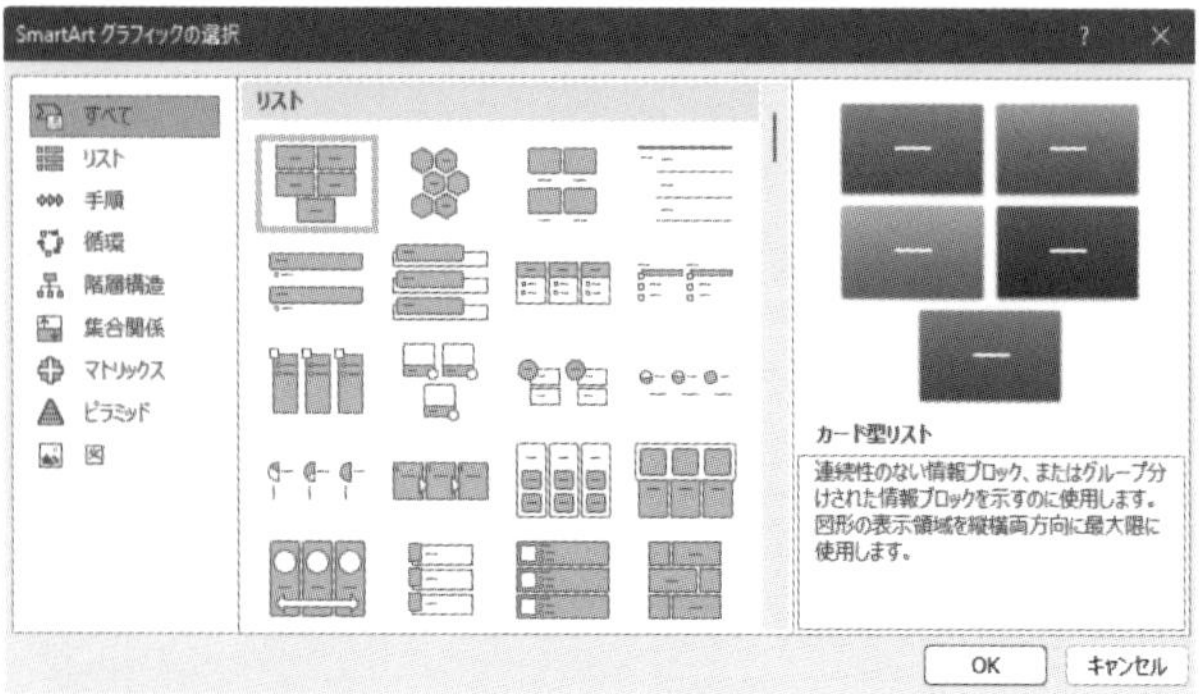

わかりやすく伝えるために図にまとめる

わかりやすく伝えるためには、図にまとめることも大切です。

図にまとめる際は、何をどのようにまとめるかが見当もつかないと思いますが、まずは手書きでなんでもいいので、説明する際に絵を描きながら説明してみてください。

絵と知っても文字を並べるだけでも構いませんし、関係性を手書きで表現する、手順を追って書く、何でも構いません。

パソコンを使う場合は、図表16のパワーポイントのSmartArtという機能がおすすめです。SmartArtは図にするためのテンプレートが充実しています。

私はいつもこれを使ってあらゆることを図にしています。図にして見るとわかりますが、できあがるとまたは、つくっている最中にしっくり来ないことに気づきます。その際は、SmartArtなら一瞬でつくり替えられます。

手書きと違って、この図をつくり替えられるところが大きな魅力です。ぜひ使ってみてください。

伝えたことと伝わっていることは違う

説明したから、伝えたからといって、伝わっていることとは限りません。

伝えたことと、伝わっていることは違います。

伝わったことは、伝えたい相手側のことです。伝えたことは伝える側のことです。

この２つは分けて考えてください。

業務においては特に重要で、伝えたからできるはずと勘違いしている方が本当に多く見受けられます。この２つは全く違います。

伝えたからといっても、伝わったとは限りませんし、理解しているかどうかもわかりません。

伝わったか、どのように理解したかは伝えた後に、伝えたい方に再度聞いて確認してください。

このやりとりの行き違いや、すれ違いで大きなロスが生まれます。

どのように伝わったのか、理解したのかをしっかり確認して、はじめて伝えたとなります。

書類作成の依頼を例に取ってみよう

上司「Ａくん、会議に使う書類をつくってくれ」

Ａさん「わかりました」

極端な例ですが、この会話で何が伝わったのでしょうか？　書類をつくることだけですよね？

期限は？　何の書類？　目的は？　わからないことだらけです。

では、いい伝え方と確認の仕方を例にしてみましょう。

上司「Aくん、明後日までに営業会議で使いたいので資料をつくってくれ。
内容は、今月の訪問件数を個人別に集計して、表形式でまとめて作成してくれ。
A4サイズ相当で一目でわかるように作成をよろしく。
共有する方法はｋｉｎｔｏｎｅの営業会議スペースにPDFファイルで添付して貼りつけておいてくれ」

Aさん「わかりました」

上司「うん、よろしく。念のため、今の依頼内容はどんなものだったか、Aくんに伝わったか確認したいので、私に説明してくれ」

Aさん「はい。明後日まで営業会議で使う資料をつくればいいんですよね？」

上司「それはそうだが、具体的な内容まで繰り返してみて欲しい。つくっている最中にわからないところがあると困るだろうから、ここで具体的に説明してみてくれ」

Aさん「？　はい、明後日まで営業会議資料を作成する。個人別に今月の訪問件数をまとめる。
A4サイズでデータで共有するで間違っていませんよね？」

上司「表形式で、ｋｉｎｔｏｎｅの営業スペースにPDFで添付が抜けているよ。よろしく」

このように、一見すると上司が細かくて面倒なやつに見えますが、しっかり確認しなければ、後からやり直しや、意図と違う資料があがってきても意味がありませんから、伝えた際にしっかり確認をすることが結局は一番効率がよいです。

口頭だと、難しいように思いますが、ここではＤＸ経営についての話なので、繰り返し依頼する業務などは、ｋｉｎｔｏｎｅを使ってテンプレート化し、具体的に依頼できるように、かつ記録に残るようにつくるといいですね。

５　共有で社員のやる気と能力を引き出そう！

やる気を引き出すことの効果

次に、共有で社員のやる気と能力を引き出すことについて話を深めていきます。

やる気と能力はつながっています。やる気があれば、能力は後から身につきます。

よく能力がないからこの仕事ができないという方がいますが、それは逆だと思います。

諦めずにやり続けることで能力が身につくのです。つまり、継続することで能力が高まっていくのです。

ここで習慣化の威力がわかるかと思います。

どんな物事でも習慣化して続けていくことで、自分でも想像しなかった能力が身につきます。

継続は力なのです。

やる気は、やると決めることからはじまります。

やる気持ちをやる気といいます。これをコミットといいます。

コミットはとにかくやると決めることです。結果として、できないこともありますが、とにかく最初はやると決めてください。もしくはやると決断するサポートをしてください。

その後に、共有の力を使って、これをする、もしくは明確にTODOリストや、プロジェクト管理に登録してさらにやる気をつくっていきます。

ITツールを使ってやる気を促すポイント

ITツールを使ってやる気を促すポイントは、「比較」と「晒し」です。

晒すとなるとちょっと怖いですよね？

でも、ITツールを活用し、嫌われない、「意識を促す晒し」に取り組むことでやる気が引き出されます。

まずは、業務を分析し、分析結果を共有します。

それによって個人別の成績や、行動が浮き彫りになります。これは比較することです。

そしてその情報を、常にミーティングで晒します。晒すといっても、できなかった人を吊し上げることとは全く違います。あえて吊し上げる必要はありません。

比較したグラフなどを、ミーティングの中で表示するだけで構いません。

できなかった人は自分ができてないことを誰よりも実感するはずです。ですから、そこにあえて触れる必要ありません。そこにあえて触れると、触れた人が嫌われるだけです。

どんな人でも、自分でも気づかない能力があります。

そのような能力は、継続によって引き出すことができます。行動の結果を集計し、比較し、晒すことによって、自覚を促し、さらにやる気を引き出してください。

一見すると非常に厳しいことのように思いますが、諦めなければ、継続すれば、必ずその人の能力が引き出されます。それは当初予測していなかった能力かもしれません。

しかし、どんな人でも、得意なことはあるはずです。そのような自分自身でも気づかない、仕事で役立つ能力を引き出すことが管理者、経営者の仕事ではないでしょうか？

スタッフの能力を信じてあげてください。そして、できなければ、サポートしてあげてください。そうすることによって組織は協力しはじめ、スムーズに回り出し、大きく発展していきます。

６　あらゆることを共有して企業の成長を促進

経営者と現場スタッフの違い

経営者と、現場スタッフとの違いは何でしょうか？　役割でしょうか？　意識でしょうか？　仕事でしょうか？　もちろんそのような違いもあると思います。

しかし、ＤＸ経営の観点から見た、最も大きな違いは、情報の量や質です。

どんな人でも、会社をよくしたいとは根本的には思っているはずです。

しかし、使われている身としては、自分の仕事以外のことはしようとしません。

それは、役割分担で仕事の範囲が決まっているからですが、経営者が考えていることを共有しようと思っても多くの場合は説明しても理解できません。

それは、見ている世界が違うこともありますが、持っている情報が大きく違います。

持っている情報が同じであれば、人は同じような判断をしていきます。

もしくはよりよい方法を考え、提案し実行したくなるものです。

経営者・管理者・現場スタッフの責任と権限

ここでは、責任と権限についても話をしていきます。

管理者、経営者は結果責任があります。

そして現場スタッフは、実行責任があります。

このように、責任の範囲も種類も全く違います。しかし、情報は判断するためにある程度必要です。

現場のスタッフといえども、自分たちの仕事が会社にとってどのような影響があるのか？　どのような結果につながっているのか、それが売上や利益にどのように関係しているのかといった経営的な情報も大切です。

この経営的な情報を知ることで、自分たちの努力が結果として役に立っているのか、そうではないのかがわかります。

つまり、自己責任で自分の仕事を進めていくことに気づきます。

いわれてからやるのではなく、成果に必要だからやっていく。

このように、自分の頭で考えて仕事をしていくことが重要です。

そして、いいことも悪いこともしっかり共有してください。

いいことだけを共有したくなりますが、それだけでは、問題が起きた場合の対処の仕方がわかりません。そして、対処の方法がわからないと、わからないことそのものに不安を感じます。

それは、悪いことに対して漠然とした不安がつきまとうだけなのです。

多くの不安は、あまり意味がありません。

もちろん不安という感情は大切です。

不安という感情が、人類を発展させてきたといえると思います。どういうことかというと、不安だから何か対処する、もしくは、不安だからもしもに備える。このような思考が生まれます。

ということはつまり、不安だけでは意味がありません。

その後にどのような行動につなげるかが大切です。自分自身の頭で考えていくということです。

行動につながる効果的なことを共有

例えば、売上が不振だとします。

現場のスタッフは、売上不振をなんとかしなくてはと考えます。当然に、どうすればいいのか？不安になります。不安だったとしても何もできなかったとします。

でも、その売上不振の情報をしっかりと上司含め管理者、経営者に共有しておいたとしたらどうでしょうか？

現場のスタッフは、売上の状況が伝わっていると思って、自分なりに何をすればいいかを考えるのではないでしょうか？　当然、上司、管理者もサポートをしますし、役に立つ情報提供をするはずです。何よりも、本人の自覚が違います。なんとかしなければという意識は、共有しているからこそ強くなる意識でもあります。

もちろんはじめのうちは、会議でも見当違いの意見をいうこともあるかもしれません。が、そのうちたくさんの情報をみなさんからも共有してもらい、それを元に自分たちに何ができるのかを考えるようになります。共有された側も、困っている人がいたらサポートしたくなるのです。

会社ですれ違った際、トイレで会った際に情報をもらえるかも知れません。1人ひとりができることは小さいかもしれませんが、会社は1人ひとりが集まって協力し合い、よりよい結果を生み出す場です。

経営活動は、社長や、管理者だけがしているわけではありません。社員全員で結果を出しているのです。

ここで大切なのは、売上不振なことを営業だけのせいにしないことです。

それぞれが、助け合いの精神で何ができるのかを考えることのほうが遥かに重要で前向きで、前に進み、建設的です。その場合、情報の共有だけではなく、相手の気持ちも大切にしてください。

そういった気持ちの共有も、仕事をする上では非常にプラスに作用します。

ただし、マイナスの気持ちはあまり共有しすぎるとよくありません。

ただ単に、マイナスな感情を相手にぶつけて、言い合いをしただけでは何も生まれないからです。あくまでも行動につながるような効果的なことを共有していくことが大切です。

ビジネス的には感情は二の次にされがちですが、人間は感情に大きく左右されて動きます。動機にもなりますし、行動しない理由にもなります。不安、恐怖、恐れ、このような行動を阻害する感情は早めに共有するように促してください。行動したほうがいい状況でも、行動に結びつかない原因は恐れといわれています。

行動につながるあらゆる情報を共有し、サポートし前に進みましょう。

どんな情報を共有するか？

共有する情報は見方によっては無限にあります。あくまで成果を出すための情報共有が大切です。しかし、何を情報共有すれば効果が出るのかはすぐにはわかりません。その場合、現場で必要と思われることから共有していきます。

そのヒントは、現場にあります。メモ、顧客からの要望、電話の内容、忘れがちなこと、抜け漏れがあると困ること。成果を出しているスタッフのやり方、考え方……。何でもかんでも共有するにしても、手間がかかります。

しかし、手間をかけてでも共有はするべきです。

そもそも、情報とは何でしょうか?

端的にいうと、共有する情報は効果、成果につながる情報です。それ以外の情報は情報とは呼びません。成果を出すために必要な情報のみを情報と呼びます。

まずは、現場で使われている情報共有から、それも重要な情報から共有をはじめてください。重要な情報が共有されていると、共有された情報で助かる瞬間が訪れます。情報共有で助かった経験があるスタッフは、情報共有の意味を知ることになります。

すると、あの情報もこの情報も共有したほうがいいと気づいてきます。段階的に共有して利用さえすれば、どんな情報を共有していくかは現場スタッフが肌感覚でわかるようになります。

情報共有は段階を踏んで行うこと。今現在スタッフが必要としている情報から共有すること。

もちろん、管理者が必要としている情報の共有は必須です。しかし、現場スタッフにとっては不要なことかも知れません。

管理者は、現場での情報共有の内容を把握し、現場レベルで情報共有を考えさせて、段階的に共有に取組んでください。

成果が出ている会社で、1人あたり、1日2時間も情報共有に時間をかけている例もあります。

第5章　成果を出して効率化しよう

この章では、成果について話を深めていきます。

仕事においては、成果を出すことが当然ながら大切です。

成果はどのように出すのか？　その考え方をまずお伝えしていきます。

そして成果が上がる仕事の仕方や、どのように効率を上げるのか？　など話を進めていきます。

1　成果にコミット

コミットメントの力

まずは、成果を出すと決めてください。成果を出すと決めると、成果を出す方法が浮かんできます。これは脳の仕組みが目標設定をすると、実現方法を考えるようになっているからです。

脳は、ゴールを決める、やると決めると、おのずと実現の仕方、やり方を考えます。

どのような質問を脳に投げかけるのかが大切です。

質問はある意味魔法です。

質問を投げかけると、それにどのように答えるか？　というふうに脳が動き出します。

まずはやると決めてください。

例えば、明日までに１０００万円を準備する目標設定をします。

これは例えの話なので、あまり深く考えないで欲しいのですが。

明日までに１０００万円を準備するのは非常に難しいはずです。

しかし明日までに１０００万円を準備すると決めたのであれば、集める方法は見えてきます。

なりふり構わず、親戚中に頭を下げ土下座して頼む。

自分が持っているものを抵当に入れてお金を借りまくる。

ただ単に、１０００万円を準備するというのでは説得力がありませんね。

例えば、自分の子どもが、命に関わる病気になった。

そのために、どうしても１０００万円が必要だ。

その１０００万円をもとにアメリカに渡って手術をする必要があったとしたらいかがでしょうか？　多分なんとしてもお金は集めなければ！　と思うでしょう。

そうすると、お金を集める方法を真剣に考えはじめ、それを実行します。

これがコミットメントの力です。

しかし現実的には、そのような、どうしてもコミットメントしなければいけないことはあまり起きません。

そこで大切なのは、自分の心に向き合うことです。

つまり、自分が求めていることを明確にする必要があります。心の底から求めているものであれば、おのずと実現したいと思いコミットメントできるはずです。

ではどのように、自分が求めているものを明確にしていくのでしょうか？

それは、価値観を書き出してみることです。

図表17〜19のシートをダウンロードして、価値観を書き出してみましょう。

【図表17　価値観の例】

価値観の例

大事だと思う価値観を3つ選択

到達	獲得	熟達	熟練	冒険	変化	覚醒	集合	援助	魅力	増加	楽しさ	自覚
気づく	保証	関連	快楽	統合	つながり	存在	情熱	一緒	ベスト	美	至福	築く
原因	理解	危険	設計	探知	献身	見極め	区別	支配	教育	優美	奨励	努力
寄付	エネルギー	啓蒙	優秀	優越	高揚	専門	家族	賭け	華々しさ	上品	授与	偉大
神聖	真正	本物	名誉	イマジネーション	影響	改善	改良	連絡	インパクト	創意	創造	指示
鼓舞	発明	発見	学ぶ	配置	愛	聡明	壮麗	世話	前進	観察	独創	打ち勝つ
認める	完璧	説得	計画	設計	ゲーム	喜び	優勢	卓越	準備	普及	首位	最高
探求	輝き	洗練	統治	反応	規則	得点	感覚	感性	感情	官能	奉仕	基準
性	同情	思索	精神	刺激	支援	合成	編集	味覚	未知	未来	スリル	想像
				触れる	勝利	暴露	勝負	共鳴				

【図表18　価値観・自分欲求】

価値観：自分欲求

大事だと思う価値観を3つ選択

1人でやっていても楽しいことの中に潜む　ワクワク感を作り出す欲求。自己完結欲求

冒険する	知らない世界に出会う	刺激する	創造する想像する指導する探求する	影響する	努力する	コントロールする	突き止める	デザインする	整理する	収集する
貢献する	与える	バランスを取る	安定している	世話する	観察する	説得する	勇気づける	動機づける	教える	奉仕する
ひらめく	気づく	分析する	アイデアを出す	共感する	おしゃれする	成長する	リスクを取る	行動する	変化する	支配する
自由でいる	運動する	達成する	目標を立てる	習得する	ふれる	神聖さを感じる	新しいものにふれる	思いつく	体系化する	知る
改善する	実験する	鍛える	自分を磨く	引き出す	成長を促進する	感じる	考える	組み立てる	卓越する	サポートする
熟練する	工夫する	言語化する	聴く	区別する	開発する	決断する	話す	励ます	勇気づける	育成する
衝撃を与える	学ぶ	分解する	組み立てる	オリジナリティを発揮する	書く	察する	予想する	描く	遊び心を加える	話をする
	インタビューする	発明する	問題を解決する	戦略を立てる	贅沢をする	静けさの中にいる	セルフマネジメントしている	自己対話する	自然と一体になる	

SMILEUP

【図表19　価値観・他人欲求】

ダウンロードURL：https://www.dropbox.com/s/rfscpqpfr8d5xk1/katikan.pptx?dl=0

価値観：他人欲求

大事だと思う価値観を3つ選択

他人との関わりから得られるもの。尊重される、認められる、頼りにされる、大切にされる、など。関係性欲求。

認められる	ほめられる	認知される	必要とされる	好かれる	愛される	癒される	守られている
尊敬される	尊重される	仲間とみなされる	感謝される	大切にされる	可愛がられる	望まれている	理解される
注目される	分かち合う	聞いてもらえる	世話される	気にかけられる	人を正す	感心される	感動される
成長させる	役に立っている	喜んでもらう	制限を受けない	隠し事がない	評価される	信用される	勝つ
手本とされる	ふれ合う	特別扱いされる	共感される	憧れられる	称賛される	一番でいる	支配する
マネジメントする	教えてもらう	若く見られる	親切にされる	気前がいいと思われる	期待される	頼りにされる	喜ばれる

どのようなことを大切にしているのか、どのような仕事をしたいのか、どのような生活をしたいのかということを書き出していきます。

そうすると、自分が求めているものが徐々に明確になっていきます。

自分が求めているものが明確になれば、次は目標設定です。

目標設定

仕事においては、会社が求めているものを実現していくことが一般的ですが、それでは本当の意味でのコミットメントになりません。

理想は、会社が求めているものと、自分が求めているものが重なることです。

例えば、会社は売上を求めている。

しかし自分自身は、子どもと夕食を一緒に食べたい。家族を大切にしたいという価値観があったとします。

そうしたら、夕方5時に仕事を終えて、家に帰るという目標設定をします。

しかしながら、会社の売上目標があります。しかしここで、真剣に目標設定について考えます。

どのようにすれば、会社の目標も自分自身の目標も達成するのか？　ここについて真剣に考えます。

すると、どうでしょうか、目標達成するために、様々な方法が見えてくるはずです。これは、コミットメントする。それも心の底から求めているものに対してコミットメントするから見えてくるものです。

もしもなかなかコミットメントができないとしたら、本気でその目標達成をイメージしてみてください。

それも、人モノ金など制約がないと仮定して考えてください。

この場合も、想像の世界ですが、やり方が見えてくるはずです。

もしやり方が見えてこないとしたら、誰かと一緒にこのことを考えてみてください。

管理者もしくは経営者は、このような各スタッフが本気でやりたくなるように、会社の目標と個人の目標と一致させるように工夫してください。

人生という観点から見ると、仕事は手段です。仕事を目的にするのは間違いです。

経営者もそうです。経営者が会社を維持することが目的になっていませんか？

本当の目的があるはずです。その目的に目を向けましょう。

どうしても、責任感から社員を養うためにとか、より会社を大きくしなければいけないというふうに思いがちですが、本当にそうでしょうか？　あなたが本当に求めるものはなんですか？　そこに目を向けてください。

ＤＸ経営は、本当に求めるものを明確にすることで、はじめて成し得ます。

会社経営をしていると手段（仕事）が目的になることが多々あります。

それは責任から来ます。

【図表 20　マズローの５段階欲求】

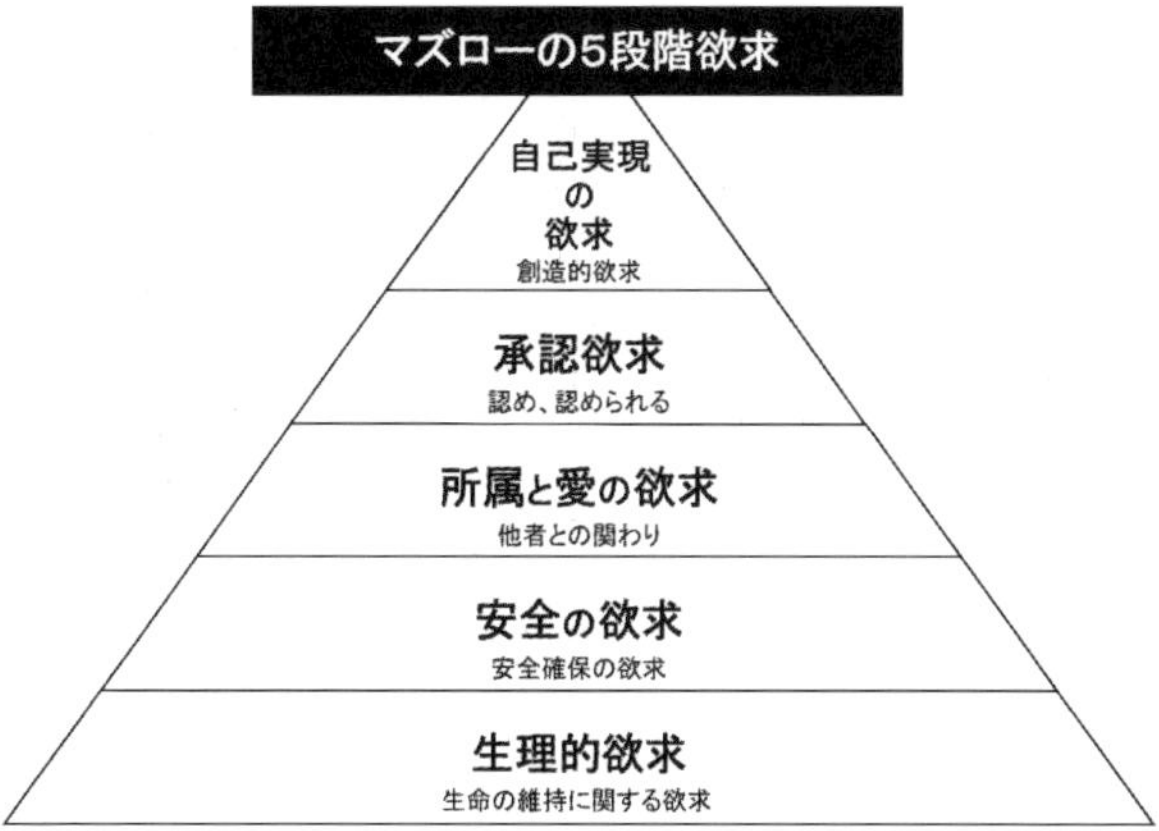

しかし、仕事そのものが楽しいと感じることは自由ですが、仕事はあくまで手段です。

仕事を通じて何を達成するのか？　何を手に入れるのか？　社員の将来は？　プライベートは？　自分の人生は？　こうしたことを考えてください。

そのために何をしていくのか、管理も、コントロールも、すべては関わるすべての人々が、幸せになるための手段です。そこを忘れずにいてください。

図表20のマズローの５段階欲求を参考にしてください。

１番上には自己実現が来ます。

自分が求めていることを現実化していく。

ＩＴもそのためのツールにしか過ぎません。

この根本的な部分を抜いて永続的な発展はあり得ません。

自分自身の人生を大切にしましょう。

欲求に応じた目標設定をしましょう。

2　限界を知って、限界を超える

限界を超えても実現できる方法

仕事は、できるかできないかよりもやるかやらないかが大切です。

しかし現実的にはできないこともたくさんあります。

今できないということは、不可能という意味ではありません。

今はできない、でも実現する。これが正解です。どういう意味か、詳しく解説していきましょう。

どんな物事でも、限界というのがあります。限界を超えてなにかをするにも限度があります。つまり無理です。

しかし、限界を超えても実現する方法があります。

それは、私1人では無理かもしれませんが、複数の人もしくは他の方法であれば実現するということです。

これが仕事においては自分1人でどうやってやるかというふうに目が行きがちです。

そうではなく、目標達成すること、成果を出すことが大切なのです。

その前提としては、何も1人でやる必要性はありませんし、自社だけで実現する必要もありません。

あなたの周りもしくは会社の周りのすべての人たちの力を借りて、成果を上げていきましょう。

コンサルタントを依頼することも１つの選択肢です。

コンサルタントはたくさんの成功事例、失敗事例を知っています。

そして、本質のエッセンスを、たくさんの企業に共有していくことによって成果を上げていく仕事がコンサルタントです。

このように、外部の力を借りることも大切です。

できないから諦めるのではなく、できなくても実現する方法を考えましょう。

できない自分をダメというふうに見るのではなく、できない自分を認め受け入れ、それでも実現する方法を考えていきましょう。

ＩＴツールを使って実現する

そのためには、ＩＴツールは非常に強力なツールとなります。

外部との連携も、実は社内の情報共有と同じように情報共有し連携が可能です。

どういうことかというと、今までは社内だけの情報共有で留めていたとします。

しかし、クラウドのＩＴツールは社外の人たちともセキュリティーを確保しながら情報共有ができます。ここではｋｉｎｔｏｎｅを例に話をしてみましょう。

ｋｉｎｔｏｎｅでは、外部の人たちと情報を共有するための仕組みが用意されています。

ゲストユーザーという考えからです。

このゲストユーザーというものは、特定の場所やシステムだけを外部と共有することができます。これにより、外部でも社内の人間のようにして情報共有し一緒にチームとして仕事をすることが可能となります。

ｋｉｎｔｏｎｅはそれだけではありません。

よりたくさんの人たちと、セキュリティーを守りながら情報共有することが可能です。

拡張機能の中で、そういったものが実現できます。

例として、k Viewer、フォームブリッジ、じぶんページ、chobiitなどのプラグインと呼ばれる連携サービスです。

いずれにしても、自分たちだけではできないことをＩＴツールの力で実現していきましょう。

難しい目標でも諦めずにチャレンジしよう

あなたの周りの人脈は、すべてあなたに協力してくれるはずです。

自分１人もしくは自社という枠を超えて、成果を出すために協力してやっていきましょう。これが、ＤＸ経営の１つの側面です。

どのような難しい目標でも諦めずにチャレンジしていきましょう。

そして真剣に考えていきましょう。必ずあなたの夢は、現実になります。

積極的にＩＴを活用してください。

３　成果を出して効率化

結果がすべて

ここまで、成果について話をしてきましたが、いよいよ効率化について話をしていきます。前の章でも申し上げましたが、成功は成果を上げ続けることです。

つまりは目標達成をし続けることが成功です。

そして仕事は、限られた時間の中で、最大限の成果を出すことが仕事です。

結論としては結果がすべてなのです。

そして、何度も申し上げますが、ＩＴは効率化がメインではありません。

成果が出ることを効率化していくことが大事です。

つまり効率よりも成果、成果が上がることを効率化していくことなのです。

効率化は、ＩＴツール導入においては非常に危険なことでもあります。

もちろんＩＴツールを導入することによって、即効率化できることもあるかと思います。

それは情報の共有などがそうです。

しかし、現場では全く違います。

より簡単により、より便利に、より確実に、より短い時間で業務を進めることが求められます。

これらを最初から実現しようと思うと、非常にコストがかかります。

お金もさることながら時間と労力もかかり、やっとできたと思うとまたつくり直しが待っています。

成果の出る仕組みをつくる

ですから、最初は手動でも、手入力でも何でもいいので最低限の仕組みをつくることです。

最低限の仕組みとは、成果が出る仕組みです。

しっかり成果が出る業務フローを効率化するのです。

業務が固まってからであれば、フェーズが変わり、効率化をメインに据えていいと考えます。お金をかけて使い勝手よく、便利にしていくのが大切です。

最終的なゴールは、自動化です。

ＲＰＡ（ロボティクスプロセスオートメーション）のような、人の作業を自動化し、繰り返し実行してくれるツールも出ています。

それから、プログラミングをすることで便利になることもたくさんあります。

成果が出ることが明確であれば、その仕組みを効率化する方法はいくらでもあるのです。

まずは成果を出すことを優先してください。

成果が出るようになったらそれを仕組みとして再現可能なシステムにしてください。

そのシステムができあがったら、最終的に効率化です。

4　効率化の落とし穴

効率化とは

成果を上げて効率をアップさせる。

しかし、効率化とはそもそも何でしょうか？　何のために効率化をするのでしょうか？

生産性を上げることと、効率化はセットで考えることもできます。

しかし、生産性を上げるということはどういうことでしょうか？

同じ時間で仕事をたくさん行う、つまり生産性を上げるだけでよいのでしょうか？

ここに、効率化の落とし穴があります。

これは管理者レベル、現場レベルではなかなか改善が難しいことかもしれませんが、俯瞰してみると答えがわかります。

答えは、最終的には収益のアップなのです。

短い時間で収益をアップさせる。そのためには、短い時間でたくさんの仕事をする＝生産性を上げるということになりますが、別の見方をしましょう。

それは金額（売上）のアップです。
そもそも入ってくる収入を上げていく、売上をさらに上げる方法を考えることです。

売上とは

売上とは何でしょうか？
売上とは、単価×数＝売上です。
売上をさらに上げるためには、単価を上げるか、数を増やす必要があります。
1番簡単な方法は、値上げです。そもそも、効率化は手段です。
目的としては、収益をアップさせることです。
収益のアップは、売上のアップもしくは経費の削減です。
経費の削減とは、業務の効率化、無駄な業務をなくすこと、などです。
ですから、この書籍でも触れてきた業務改善をもっと大きな目で考えてみてください。
業務改善を、収益の改善という目で見てみてください。
そうすると、できることがまた変わってきます。

ＩＴツールはチャレンジに役立つ

ＤＸ経営も、手段の1つにしか過ぎません。

大切なことは、収益を無理なく上げ続け、働くスタッフが自己実現でき、自分の人生を幸せに生きていくことです。

そのために、会社においても仕事は手段にしか過ぎません。

もちろん仕事そのもの、会社を大きくすることそのものが大切という意見もあるかと思います。

それはそれで全く問題ないと思います。

自分の人生の中で何を大切にするかという話にしか過ぎないわけですから。

それが仕事と一致していれば最高に幸せになれると思います。

ＩＴツールを活用して、様々な現状を把握してください。

そして、求めるものを明確にし、求めるものを実現する方法を諦めずにチャレンジしてみてください。

ＩＴツールは、あなたのチャレンジに大きく役に立つはずです。

5　楽しんで成果を出し続けよう

成果を効率的に上げると

最後に、楽しんで成果をあげてください。

楽しいことは正しいのです。

楽しければ努力をしている感じもなく、他の誰よりも成果をあげることができます。

楽しいことは正しいのです。

ＩＴツールを活用し、仕事の楽しさ、やりがいを皆さんにもたらしてください。

ただ、がむしゃらに努力するだけでは限界があります。

努力よりも、工夫して、成果を効率的にあげることが大事です。

そのために、ＩＴツールをしっかり活用し、ＤＸ経営を実現してください。

ＤＸはあくまで手段にしか過ぎません。

成果を出すためのＤＸなのです。

ＤＸ経営は手段

最後に、ＤＸ経営とは改めて何か考えてみたいと思います。

まずＤＸ経営は手段です。

それは、会社を永続的に発展させる、つまり無理のない形を実現するための手段です。

では会社は何のためにあるのでしょうか?

世の中の困ったことなどを解決するために存在します。

そして、そこで働く従業員は、お客様に喜んでもらい、自分の人生をより豊かにするために一緒に働いていています。

そのために、ＤＸは大きな力となるはずです。

ＩＴツールをどんどん活用し、仕事のスピードアップをしてください。

仕事のスピードがアップし、業務量が増えたとしても、ＩＴの力を借りれば無理なく業務をこなすことができます。

これからの世の中は、ＩＴなくして、ＤＸなくして経営は成り立ちません。

ＩＴの力で仕事の仕方を生み出す

弊社のクライアントには、ｋｉｎｔｏｎｅを導入して収益が5倍になった会社もあります。

売上が倍になる、残業がゼロになるなどは当たり前に実現可能です。

ＩＴの力は絶大なのです。そして私たちの今までの仕事がどれだけ無理があったか、無駄があったか、時間がかかっていたかがわかります。

仕事の仕方は、クラウドのシステムにより新しい時代に突入しました。

全く別次元の、仕事の仕方を生み出したのです。

ＤＸ経営はじめの一歩としてここまで進めてきました。

まずは、目的を明確化することからぜひはじめてみてください。

そして、何からはじめればいいかわからない、自分の力だけではできない場合はぜひお問い合わせください。

外部の力も借りながら、あなたの会社をＤＸ経営の会社に生まれ変わらせてください。

その先には幸せな未来が待っています。

あなたの幸せを願って。

以前、ビジネスはサクセス（目標達成）、プライベートはハピネス（幸せ）と、分けて考えていました。

しかし、ビジネスもプライベートも自分の人生には変わりありません。すると、ビジネスでも自己実現ややりがい、幸せが大切になってきます。そもそも、ビジネスをプライベートと分ける考え方は、企業が個人の時間をお金でコントロールして来たからです。

ＤＸ経営では、情報の収集集約を行い、見える化で、成果、効果に目を向け、行動の管理をしていくことで、時間は短く、成果を効率よく出し組織変革に結びつけます。企業と従業員を結ぶのは金銭的な価値が大きかったのですが、ＤＸ経営の実現で人間にとって重要な価値も提供しているのです。

これからの時代は、人間そのものの欲求を満たすような価値ある仕事を提供しないと、人が集まらない状況がやってきます。

そのためにも、何が大切かをよく見いだし、向き合い、みんなで会社を伸ばしていってください。

あとがき

DX経営を実現するために、何がはじめの一歩になるか真剣に考えました。

日本において多くの中小企業はITが得意ではありません。

しかし、ITを活用しなければ企業が生き残れない時代になりました。

ITの威力は、ITを知っている、ITを活用した企業にしかわかりません。

ということは、ITを活用している会社としていない会社では想像以上に大きな差が開くということです。

そしてその差には、IT活用をしてない会社は永遠に気づくことがありません。

つまり差がどんどん大きくなり続けるということです。

実際に私も地元で中小企業の経営者にITの効果を伝えても、ITの重要性には気づいてもらいづらいのが現状です。もちろん、話は聞いてもらえますが、間に合っているから、困っているからいいというのです。

これは例えるなら、自転車しか知らない人に自動車のよさを教えようとしているようなものです。

自転車で間に合っている、自転車でできる範囲で様々なことをこなしているために、自転車の利便性、必要性、可能性に耳を傾けてくれません。

クラウドサービスが生まれてから20年以上が経ちます。しかし、活用している企業は本当に一部しかありません。国も本気でＤＸの推進をしようとしているこの状態になっても、中小企業の経営者は、お金をかけようとしません。ＩＴにお金をかけることは経費ではなく、投資なのです。

ＩＴツールは、会社のプラットフォームにもなります。

つまりベースです。

どのようなベースを採用するかとは、企業活動において全体に大きく影響を及ぼします。

ＩＴの成果は、掛け算です。

ＩＴを活用すれば、うまくいくわけではありません。

目的意識がなければ、つまりある部分がゼロであれば全体がゼロになってしまう可能性があります。

ですから、１つひとつのステップを大切にしながらＤＸ経営を進めてください。

ＩＴの世界では、まだまだ成果を上げる考え方が根づいていません。

本書を読むことによって、１人でも多くの方が、経営者が、ＩＴ担当者が、管理者がＩＴは手段にしか過ぎないということに気づき、成果をどのように上げる手伝いをしていくかにチャレンジしてほしいです。

ＩＴツールは、完全に新しい時代に入りました。

そして新しいＩＴツール（ｋｉｎｔｏｎｅなど）を主とし、最大限活用することによって大きな成果を生むことができます。

この新しいツールは今までとは違い、業務そのもの別次元に引き上げる大きなポテンシャルがあります。

1人でもこの大きな価値に気づいてくれれば嬉しく思います。

熊谷　美威

著者略歴

熊谷　美威（くまがい　みのる）

ITコンサルタントとして活動。「新しいシステム開発の考え方」の普及活動を行っている。

1994年からパソコンサポートを提供し、業務システムの導入、システム開発などを延べ3000社以上手がける。

2012年kintoneに出会い、システム開発が根本から変わると大きな衝撃を受け、kintoneを自社及び顧客に導入。

全国で導入企業1万社の中から、クライアント企業を2年連続でサイボウズ社の「kintoneAWARD」にて優勝に導く。

自身も最も活躍したコンサルタントに与えられる賞、サイボウズAWARD2019コンサルティング賞を受賞。

ITツール導入で、企業の成果をあげることにコミットし、2021年からの延べコンサルティング企業は300社を超える。導入成功率98%と高い確率で、ITツールの導入及び運用を成功に導く。

DX経営はじめの一歩

2023年5月25日　初版発行

著　者　熊谷　美威　

発行人　森　忠順
発行所　株式会社 セルバ出版
〒113-0034
東京都文京区湯島1丁目12番6号 高関ビル5B
☎ 03（5812）1178　FAX 03（5812）1188
https://seluba.co.jp/
発　売　株式会社 三省堂書店／創英社
〒101-0051
東京都千代田区神田神保町1丁目1番地
☎ 03（3291）2295　FAX 03（3292）7687

印刷・製本　株式会社丸井工文社

Printed in JAPAN
ISBN978-4-86367-816-3